WARMING THE WORLD
Economic Models of Global Warming

变暖的世界

全球变暖的经济模型

[美] 威廉·诺德豪斯
约瑟夫·博耶　著

梁小民　译

中国出版集团
东方出版中心

图书在版编目（CIP）数据

变暖的世界：全球变暖的经济模型 /（美）威廉·
诺德豪斯，（美）约瑟夫·博耶著；梁小民译．一上海：
东方出版中心，2021.1
　　ISBN 978-7-5473-1669-6

Ⅰ.①变…　Ⅱ.①威…　②约…　③梁…　Ⅲ.①全球变
暖－影响－世界经济－经济模型－研究　Ⅳ.①F11

中国版本图书馆CIP数据核字（2020）第122832号

上海市版权局著作权合同登记：图字09-2020-692号

变暖的世界：全球变暖的经济模型

著　　者　〔美〕威廉·诺德豪斯　〔美〕约瑟夫·博耶
译　　者　梁小民
责任编辑　江彦懿
装帧设计　陈绿竞

出版发行　东方出版中心
地　　址　上海市仙霞路 345 号
邮政编码　200336
电　　话　021-62417400
印 刷 者　山东韵杰文化科技有限公司

开　　本　890mm×1240mm　1/32
印　　张　8.25
字　　数　151 千字
版　　次　2021 年 1 月第 1 版
印　　次　2021 年 1 月第 1 次印刷
定　　价　58.00 元

序 言

　　分析家与决策者要应对的复杂科学与经济问题，越来越要求开发科学与经济模型，这种模型有助于分析家与决策者了解可能的未来结果，以及替代政策的影响。本书详细介绍了两个气候变化经济学综合评估模型。这两个模型名为 RICE-99（地区气候和经济动态综合模型）和 DICE-99（气候和经济动态综合模型），它们建立在诺德豪斯和同事们的早期研究之上，特别是基于 20 世纪 90 年代早期构建的 RICE 与 DICE 模型。本书的目的是展开介绍 RICE-99 与 DICE-99 的逻辑和细节。与解剖课类似，这种说明突出模型的内部结构与联系不同片段的方法。

　　本书安排了两编。第一编说明 RICE-99 及其全球总量的汇编，DICE-99。第一编包括一个导言（第 1 章）和 RICE-99 的所有模型方程式（第 2 章）。这些方程式推导的细节和参数在第 3 章与第 4 章提出。第 1 章到第 4 章介绍 RICE-99，第 5 章明确讨论 DICE-99，第 6 章解释如何解模型。第二编提出 RICE 模型的主要结果，并把它应用于气候变化相关问题。附录提供了方程式总结的清单、变量清单，以及 RICE-99 和 DICE-99 模型的编程代码。其模型和电子表格也可以在网站上获得。

对这个令人兴奋的领域感兴趣的人，会认识到本书是建立在作者与许多其他人早期的研究之上的。虽然本书由两位作者署名，但应该承认许多人的知识灵感与贡献。在这些人中我们要感谢杰西·奥舒伯（Jesse Ausubel）、霍华德·戈伦斯派特（Howard Gruenspecht）、亨利·雅各比（Henry Jacoby）、戴尔·乔根森（Dale Jorgenson）、查尔斯·科尔斯塔德（Charles Kolstad）、阿伦·曼内（Alan Manne）、罗伯特·门德尔松（Robert Mendelsohn）、内博伊沙·纳基斯诺维奇（Nebojsa Nakicenovic）、约翰·赖利（John Reilly）、理查德·里歇尔斯（Richard Richels）、托马斯·谢林（Thomas Schelling）、理查德·施马林斯（Richard Schmalensee）、斯蒂芬·施奈德（Stephen Schneider）、里昂·施兰汀霍兹（Leo Schrattenholzer）、罗伯特·斯塔文斯（Robert Stavins）、费伦茨·托特（Ferenc Toth）、卡尔·图雷基安（Karl Turekian）、保罗·瓦戈纳（Paul Waggoner）、约翰·韦安特（John Weyant）、杨自力（Zili Yang）和加里·约埃（Gary Yohe）的直接和间接贡献。梅甘·麦卡锡（Megan McCarthy）以及本·吉伦（Ben Gillen）提供了有价值的研究帮助。这个研究得到国家科学基金会和能源部的支持。这些人并不对这个作品中的错误、看法或想象力的缺失负责。

第一编

开发 RICE 与 DICE 模型

DEVELOPING THE RICE AND DICE MODELS

第 1 章 |
导言

　　"上帝不用宇宙掷骰子"是阿尔伯特·爱因斯坦关于量子力学的名言。但人类正通过各种干预用自然环境掷骰子：把可能改变全球气候的二氧化碳这类气体推入大气，增加消耗臭氧的化学物品，改变大量土地的用途，并把大量物种消灭在它们的自然栖息地，甚至在实验室里创造出有未知特征的新物种。在早期时代，人类社会学会管理——或者有时没有学会，并错误管理——当地的草地和水资源。今天随着人类活动越来越影响到全球进程，我们必须学会明智地使用，并从经济上保护我们共同的地球物理与生物资源。在全球范围内理解和控制干预措施，是为了**管理全球公共资源**。

　　气候学家和其他科学家警告，在 21 世纪，二氧化碳（CO_2）和其他温室气体（GHGs）的积累可能会引起全球变暖，以及其他重要的气候变化。这种预言足以惊醒各国政府，它们承诺按 1997 年 12 月的《京都议定书》，在未来一些年中，减少各国的温室气体排放。《京都议定书》提出了许多基本问题：建议的减排是充分的、不充分的，还是过度的？建议的应对全球变暖的机制——从高收入国家开始减排——是否有作用，并合意？遗漏发展中国家明智吗？《京都议定书》是否有一个轨迹来引导全面气候变化政策？其他方法，例如协调一致的碳价格或地球工程，值得考虑吗？如何把《京都议定书》的方法与经济学家的"高效"政策之梦进行对比呢？而且，也许最重要的，这些成本昂贵的方法能在世界市场上销售出去吗？

一百年间，自然科学家考虑了与温室变暖相关的许多**科学**问题。但在 20 世纪最后十年中才开始考虑**经济**、**政治**和**制度**问题。知识上的挑战是令人沮丧的——出现了难以克服的数据、模型编制、不确定性、国际合作与制度设计问题。此外，经济赌注也是巨大的。《京都议定书》的几个最新研究提出减排的价格标签应按现值为 1 万亿美元左右制定。[1] 可以毫不夸张地说，温室效应唤起了全球公民责任的最高形式——号召各国牺牲现在几千亿美元的消费，以造福其他国家的人民，这些益处直到进入 21 世纪才会体现，而且这些益处是高度不确定的，是根据了模型编制，而不是直接观察得出的。

当跨进 21 世纪时，全球变暖问题已经被证明是各国面临的最有争议，而且是困难的问题。过去，这个问题在科学杂志、白宫会议和世界夏季峰会之间轮流讨论。作为回应，一部分自然与社会科学家也被动员起来帮助提高我们的认识。嗅到与日俱增的利益，工业、环境与政治集团也把桨放在水中，把船拖向有利于他们的方向行驶。

---

[1]　参看韦安特（Weyant）1999 年的研究。

最近十年中最令人印象深刻的进步，是开发了综合评估经济模型。这个模型从经济角度分析了全球变暖问题。毫不夸张地说，全世界有几十个模型编制团队提供了经济学、数学模型编制，关于决策理论及其他学科领域。十年前，气候变化经济学尚不存在一个综合动态模型，而现在，模型数已超过我们可以跟踪的数量。

最早的气候变化动态经济模型之一是 DICE 模型（气候和经济动态综合模型）。DICE 模型最初由能源模型发展而来，以首尾相接的形式把经济学、碳循环、气候科学以及影响综合在一个高度总和的模型中，这个模型允许权衡减缓温室效应所采取步骤的成本与收益。DICE 模型的第一版是 1990 年提出的，而且在诺德豪斯的论文（1994b）[1] 中说明了整个模型的结果。以 RICE（气候与经济地区动态综合模型）知名的地区版，是诺德豪斯和杨（1996）编制的。

虽然 DICE 和 RICE 模型的基本结构在科学批评的严峻考验中保留下来了，但经济学和自然科学的进一步发展表明，对早期方法的重大修改是有用的。虽然没有发现简单的解，但自然和社会科学中大量小发现和大创新出现了。而且，在过去十年我们看到了，温室气体排放和能源的基本数据与经济数据有重大的进步。

本书代表了早期模型修改版的成果。新模型从全面的检验中获益，并保持了基本结构。表 1.1 参照 2100 年的情况比较了

---

[1]　"1994b"指参考书目中这一编号的文章，后文相同，不再注明。（译者注）

RICE-99 和早期 DICE-94 模型的主要变量预测。[1]

表 1.1   各代模型在 2100 年的参考案例输出值

	DICE-94	RICE-99
工业排放（GtC/ 年）	24.9	12.9
产量（1990 年，万亿美元）	111.5	97.02
人口（百万）	9.8	10.7
人均产量（1990 年，千美元）	11.4	9.1
碳含量（每 1000 美元 GDP 所排放的碳，吨）	0.22	0.13
温度（高于 1900 年的值，℃）	3.39	2.42

说明："GtC"指 10 亿公吨碳。
资料来源：正文中说明的模型运算。

从老模型到新模型的主要变动如下：

1. 主要方法论的变化是重新规范了生产关系。早期的 DICE 和 RICE 模型用了一个参数化的排放–成本关系，新的 RICE 模型采用了一个资本、劳动和碳能源三要素生产函数。新 DICE 模型开发了一种代表碳燃料需求，并使用现有的能源需求方面的研究进行校准的一种创新技术。

2. 新 RICE 模型改变了对能源供给的处理，以减少对化石燃料的消耗。这种方法明确地处理了化石燃料的供给，并用市场决定的过程来驱动可消耗的碳燃料的耗尽。新的模型包含了可消耗的碳燃料供给量，在排放了 6 万亿吨碳之后，开采的边际成本急剧上

---

[1]　表 1.1 是代表模型参照情况，是对如果没有一个政府实施温室气体排放控制会出现的情况的预测。参看第 2 章，或者第 6 章中更完整的定义。

升。[1]（这相当于燃烧约 9 万亿吨煤。）由于有限的供给，在市场上化石燃料的价格最终会上升到抑制化石燃料消费的程度。

3. 在约十年中，大部分数据都更新了，以反映 1994 年至 1998 年的数据。模型中的产量增长是由地区经济、能源和人口数据与预测得出的。新模型项目预测的 21 世纪 CO_2 参考排放量明显低于早期的 DICE 和 RICE 模型，因为预测中世界经济的增长率较缓，且脱碳率较高。

4. RICE/DICE-99 碳循环模型现在是一个三矩阵模型，碳在大气、陆地生物圈与浅层海洋及深海之间的流动。（在早期版本中，碳简单地以一个不变的比率从大气中消失。）新模型的温度动态与早期模型相比并没有变，因为气候研究并没有提出改变它们的令人信服的理由。来自非 CO_2 的温室气体和气溶胶的作用力已经更新了，以反映更近的预期。在当前版本的 RICE 模型中，参考案例中预测的全球温度变化值明显更低。这是由于 RICE-99 模型中，包含了来自硫酸盐的负影响、来自含氯氟烃的较低影响，并减缓了 CO_2 浓度的增长（参看表 1.2）。

表 1.2　两模型间辐射强迫的差异，参考案例，2100 年

	瓦 / 平方米	占总差的百分比
总差（RICE-99 减 DICE-94）	−1.73	100.00
碳排放与碳循环		
碳排放（GtC/ 年）[1]	−0.89	51.26
初始碳浓度	−0.06	3.25

---

[1] 我们有时把二氧化碳排放和浓度称为"碳排放""碳浓度"，有时也简称为"排放"和"浓度"。这两者都用每吨碳来衡量。我们把碳的吨数简称为"碳吨"。正如文中所提到的，在一些情况下，特别在指煤时，用的单位就是吨。

（续表）

	瓦 / 平方米	占总差的百分比
碳循环模型	0.30	−17.49
其他人为强迫		
氯氟烃	−0.42	24.28
硫酸盐气溶胶	−1.06	61.27
其他温室气体	0.45	−26.01
强迫方程式中的工业社会前碳浓度的变化	−0.06	3.43

说明："GtC"指 10 亿公吨碳。

5. 在目前新的模型中，对气候变化影响的预估也做了相当大的修正。全球影响是从地区影响估算中推导出来的。这些估算是从考虑市场、非市场和潜在灾难性影响的分析中推导出来的。所得到的温度危害函数比初始的 DICE 模型更让人悲观。

6. 原来的 RICE 模型和 DICE 模型是使用通用代数模型编制系统软件包开发的。新的版本程序则用 GAMS 和 EXCEL 电子表格编制，以使其他研究者可以轻松地理解并使用模型。

本书详细列出了模型修订处及其意义。初始 DICE 模型和 RICE 模型的基本理念仍然未变：开发容易理解的，可以随新数据或结果的出现而修改，而且对科学、教学和政策目的是有用的，小而透明的模型。

希望本书可以帮助模型编制者和决策者，更好地理解气候变化政策中涉及的复杂权衡。总之，好的分析不能决定政策，但它可以帮助决策者，在让现在的公民感到难以忍受并花费高昂的气候变化政策，与终将在未来引发事端的无所作为的政策之间，寻找到一个平衡点。

第 2 章 |
RICE-99 的结构和推导

方法概述

这一章是 RICE-99 模型的概述，第一节说明模型的结构，后续部分介绍模型的方程式，下一章讨论模型主要组成部分的校准。

在考虑气候变化政策时，社会面临的基本权衡是在今天的消费与未来的消费之间。通过采取减缓当今温室气体排放的措施，经济减少了可用于消费与生产性投资的产出。这种"气候投资"的收益是减少危害，从而使未来有更高消费额度。气候投资包括减少化石燃料消费或转向使用低碳燃料，这种投资的收益是减少气候变化对农业、沿海和生态环境的影响，以及潜在的灾难性后果。

但减排和气候影响之间的滞后时差极长，且不确定，这就使经济和科学问题变得不可预测。各国必须决定它们是否对现在的气候状况做投资，以减缓未来几个世纪的气候变化进程。除了这些涉及帕斯卡赌注的决策 [1]，很少有社会决策和个人决策有可比较的时间范围，这鼓励了政治上的决策者在昂贵的步骤上拖延时间。

RICE-99 面临的主要的挑战是要开发一个全球经济模型，该模型要求抓住 21 世纪主要国家与地区的中长期经济增长的重大特点。在气候变化综合评估所用的、已得到证明且高度典型化的模型之外，基本没有可以借鉴的全球经济模型。可以从人口学家的人口预测中获得有用的组成部分，他们实际上进行了长期预测。但对其他重要的变量，即决定资本形成与技术变动的变量，特别是对美国和西欧之外的国家，必须重新做长期的预测。

该模型的有效期是十年。在经验模型中的所有流量变量是依据每年的流量报告的，而惯例是按时期开始时对存量进行计量。

模型说明

经济部门

这里采用的方法是，在经济增长理论框架中评论气候变化。这种方法由弗朗克·拉姆齐（Frank Ramsey）在 20 世纪 20 年代提出（参看拉姆齐，1928），由佳林·库普曼斯（Tjalling Koopmans）和其他人在 20 世纪 60 年代严谨化（参看库普曼斯，1967），并由罗伯特·索洛（Robert Solow）在他 1970 年经济增长理论精湛的

---

[1] 一种哲学观点，认为人对上帝应宁信其有，否则会得不偿失。帕斯卡（Pascal，1623—1662），法国数学家、物理学家、哲学家，概率论创立者之一。（译者注）

表述中作了总结。在新古典主义增长模型中，社会投资于有形资本品，从而为增加未来的消费而放弃今天的消费。

　　DICE-RICE 模型是拉姆齐模型包括了对环境的气候投资的延伸。延伸的模型中的减排类似于主流模型中的投资。这就是说，我们可以把温室气体浓度作为"负资本"，并把减排作为减少了负资本的量。降低排放的消费牺牲，可以防止对经济有害的气候变化，从而增加了未来消费的可能性。

　　以下的说明集中在完全区域化的模型，即 RICE 模型上。大多数说明同样适用于第 5 章讨论的全球汇总的 DICE 模型。

　　世界是由几个区域组成的。一些区域包括一个主权国家（例如美国或中国），而其他一些区域（例如经济合作与发展组织欧洲成员国或者低收入国家和地区）包括许多国家和地区。假设每个区域有一组充分确定的偏好，用"社会福利函数"代表，它决定了消费和投资路径选择。随着消费边际效用递减，社会福利函数是每一代人人均消费的增加。一代人人均消费的重要性取决于它的相对规模。不同代人的相对重要性受到纯时间偏好率影响；因为假定了正向的时间偏好率，所以相比于未来几代人，现代几代人更受青睐。

　　假定各区域在受许多经济和地球物理限制的条件下，使社会福利函数最大化。可用于经济决策的变量是消费、有形资本投资率，以及主要用于减少温室气体排放的气候投资。

　　该模型既包括在许多经济模型中可以发现的传统经济部门，也包括为气候变化模型编制而设计的新气候部门。首先说明传统经济的情况——即没有考虑任何气候变化的经济。

假设每个区域都生产一种既可用于消费，又可用于投资的商品。在该模型中，包括由于气候变化引起的所有福利变化都在这一种商品的消费定义中。因此，我们有时把这种包括一切的商品的消费称作"一般化消费"。

除了交换碳排放许可证，没有任何物品或资本的国际贸易。因此各区域只能通过支付其他区域的减排费用或收取减排费用来进行交易。

每个区域赋予初始资本和劳动存量以及初始的区域特有的技术水平。人口增长和技术变化是外生的，而资本积累由一段时期内最优消费流量决定。

RICE 模型与早期阶段在经济部门主要方法相比的变化是生产关系的重新规范。（DICE 模型保留了早期阶段简单的简化形式的生产结构。）RICE-99 模型定义了一种新的生产投入，被称为**碳能源**。可以认为碳能源是从化石燃料消费中得到的能源服务。在该模型中，化石燃料的消耗量等于所有化石燃料消耗量的碳含量。换句话说，能源的使用被加在一起，进入用碳加权汇总的一个总量中。因此，我们指的是碳能源的边际产量、成本、供给和在不同地区的分配，而不是煤、石油和天然气。

产量是由柯布-道格拉斯生产函数中的资本、劳动以及碳能源投入而得出的。技术变化有两种形式：经济范围内的技术变化以及碳节约技术变化。经济范围内的技术变化是希克斯中性[1]的，而

---

[1] 英国经济学家希克斯提出的一种技术进步类型，指技术进步过程中资本–劳动的比率是不变的，从而劳动与资本的边际生产力都不变。（译者注）

碳节约技术变化是作为碳能源投入 CO_2 排放率下降的模型，为了方便，碳能源和工业排放都用碳单位衡量，如果把碳能源视为煤炭，过程则是完全直观的。

与能源相关的参数用能源使用、能源价格和能源使用价格弹性的数据来校准。这构成一条建立在实证基础上的碳减少曲线。目前的综合评估模型是合理的，但并没有根据需求规范数据。在供给一方，早期 DICE 模型和 RICE 模型假设在固定的供给价格下，碳燃料极为丰裕。在 RICE-99 模型中，引入了碳能源的供给曲线，供给曲线允许有限（尽管数量巨大）的长期供给，且成本不断上升，由于最优增长框架，碳能源在不同时间内是有效配置的，这就意味着，低成本碳能源有稀缺性价格（称为**霍特林租金**），而且，碳能源价格随着时间推移在上升。

气候相关部分

该模型的非传统部门包含一些地球物理关系。这些关系关联了影响气候变化的不同影响因素。这一部分包括碳循环、辐射强迫方程式、气候变化方程式以及气候–危害关系。

在早期 RICE-DICE 模型中，内生排放包括二氧化碳（CO_2）和氯氟烃（CFCs）。在 RICE-99 和 DICE-99 中，内生排放限于工业 CO_2。这反映了联合国政府间气候变化专门委员会（IPCC）的预测和 DICE/RICE 模型的预测，这些预测说明来自不受控制的 CO_2 浓度的辐射强迫可能比来自非 CO_2 温室气体和气溶胶的辐射强迫大将近 5 倍（参看表 3.9，在第 3 章中讨论这个表）。这里的主要变化是氯氟烃目前在气候变化控制战略之外；这个规定反映了在不同的方案中，氯氟烃被严格控制在气候变化协议框架之外。其他人类活动对气候变化的作用也被认为是外生的变量，这些包括土地使用变化产生的 CO_2 排放量、非 CO_2 温室气体和硫酸盐气溶胶。[1] 虽然把其他温室气体和气溶胶（《京都议定书》原则上还包括其他五种气体）作为内生变量会更完整，但这些气体极其复杂，而且我们知之甚少。

初始 DICE 和 RICE 模型用一种经验方法来估算碳流量，从排放量和浓度数据估算排放–浓度方程式的参数。许多评论者注意到，这种方法可能低估了碳在大气中的长期存留，因为它假设深海中存在碳的无限下沉。DICE-99 和 RICE-99 用根据现有碳循环模型校准的三个储存地模型的结构性方法，取代了早期处理方法。基本思想是，从长远来看，深海提供了碳的有限沉没功能。按新的规范，我们假设，碳的储存地有三个：大气、一个在浅层海洋和短期生物圈迅速混合的储存地，以及深海。碳在相邻的储存地间双向流动。在浅海储存地与深海之间的混合特别慢。RICE-DICE-99 方法相当于初始 DICE 模型和其他早期计算，但有更好的长期性质。这种新方法的完整讨论见第 4 章。

气候变化以全球平均地表温度来表示，而这一关系利用了气

---

[1] 虽然总的碳排放包括工业排放和土地排放，我们通常称为内生部分，但工业排放通常被简单称为"排放"或"碳排放"。

候模型编制者的共识，以及两个海洋大气模型提出的滞后。从初始 DICE 模型和 RICE 模型提出以来，气候模型未变。

理解气候变化的经济影响一直是气候变化经济学中最棘手的问题。在大多数综合模型编制中，气候变化影响的估算依赖于不同地区、不同部门气候变化危害的各种各样的估算。从诺德豪斯（1989，1991a）开始，评估倾向于在国民收入核算框架中安排气候变化的影响，增加反映非市场活动的内容。本书遵循了按部门分析影响的第一代方法。这里与许多早期研究存在两个主要差别：第一，这种方法侧重于得出所有地区的，而不仅仅是美国的估算。这种侧重是必要的，因为全球变暖是全球问题，并且在贫穷国家中变暖的影响要大得多。第二，本书更侧重于气候变化的非市场方面，尤其重视灾难性风险的可能性。采用这种方法是因为，第一代研究发现，对市场部门的影响是较为有限的。主要的结果是，气候变化的影响可能由于地区的不同而显著不同。俄罗斯和其他高收入国家（主要是加拿大）可能从适度全球变暖中略有收益。而在另一个极端，低收入地区——特别是非洲地区和印度——以及西欧看来，这些地区很容易受到气候变化的影响。与许多国家和地区相比，美国似乎不那么容易受到气候变化带来的影响。这些结果在第 4 章中详细讨论。

RICE-99 方程式的推导

这里详细讨论 RICE-99 的方程式。关系分为三组：目标函数、经济关系与地球物理关系。虽然经济部门采用的是常规方法，但根据气候变化问题来修改它们仍需要谨慎注意，主要问题在前两节中已进行讨论。第 3 节分析气候部门以及经济与气候相互作用的主要问题。

目标函数

　　DICE-RICE 模型的中心组织框架是经济与环境政策目标，即提高现在与未来人民的生活或消费水平。相关的经济变量是**一般化消费**，这是指一个广义的概念，不仅包括食品、住房这类传统市场购买的物品与劳务，而且还包括休闲、文化娱乐以及环境享受这类非市场项目。

　　这里采用的基本假设是，政策应该设计为使一般化消费流量一直最优化。这种方法的根据是更多消费优于较少消费的观点。而且，随着消费水平的不断提高，消费的增量价值越来越小。专业的表述是，我们模型的这些假设，依据了假设各地区都要把社会福利函数最大化，社会福利函数是人均消费的人口加权效用的贴现总和。社会福利函数是三个基本价值判断的数学表示：（1）高水平消费有高价值；（2）随着消费增加，存在消费的边际价值递减；（3）现代一代人消费的边际社会效用高于有同样人均消费水平的未来一代人。

　　RICE 模型通过结合不同地区同时发生的增长路径，而大大增加了初始 DICE 模型的复杂水平。J 地区准确的目标函数，按最大化的标准是：

$$W_J = \sum_t U[\, c_J(t),\, L_J(t)\,] R(t) \qquad (2.1)$$

这里 W_J 是 J 地区的目标函数，$U[c_J(t), L_J(t)]$ 是 J 地区的消费效用，$C_J(t)$ 是在 t 时期的人均消费的流量，$L_J(t)$ 是 t 时期的人口，而 $R(t)$ 是纯时间偏好贴现因子。接下来将简单地说明准确的效用函数形式。

效用是根据代表不同代人中社会时间偏好的一个因子贴现的。纯时间偏好率 $\rho(t)$，构成时间偏好贴现因子 $R(t)$ 基础的 $\rho(t)$ 在这种方法中成为一个重要的参数；假设参数 $\rho(t)$ 随时间在下降，则纯时间偏好贴现因子由下式给出：

$$R(t)=\prod_{v=0}^{t}[1+\rho(v)]^{-10} \qquad (2.2)$$

纯时间偏好率是隐含在许多社会决策中的一个选择参数，如财政政策和货币政策。与其他参数一起，它与市场利率（或资本的边际生产率）和储蓄率密切相关。初始的 RICE 模型和 DICE 模型用了不变的纯时间偏好率 $\rho(t)$ 为每年 3%。每年 3% 的不变比率被认为与历史上的储蓄数据和利率一致。在 DICE-99 和 RICE-99 中，由于不耐心性下降的假设，假定纯时间贴现率随着时间推移而下降。时间贴现率从 1995 年的每年 3% 开始，至 2100 年，下降到每年 2.3%，而到 2200 年，将下降到每年 1.8%。[1]

经济限制

以下是一组代表不同地区的方程式，第一个方程式是效用的定义，在上一节已经说明。效用代表经济幸福的现值，并假定等于人

[1] 关于遥远未来贴现引起的问题的全面评论包括在波特尼和韦安特（1999）的文章中。关于 DICE 和 RICE 模型范围的贴现率问题的全面讨论，可见诺德豪斯（1994b，1998a）。

口规模［$L_J(t)$］乘以人均消费效用 $u[c_J(t)]$。方程式（2.3）用了幂函数的一般情况来表示效用函数的形式：[1]

$$U[c_t(t), L_J(t)] = L_J(t)[c_J(t)^{1-\alpha}-1]/(1-\alpha) \qquad (2.3)$$

在这个方程式中，参数 α 是不同消费水平的社会评价的衡量，它有几种解释。它代表效用函数的曲率，消费边际效用的弹性，或不平等厌恶率。在运作上，它衡量一个地区为改善低消费几代人的福利而减少高消费几代人福利的意愿程度。在 RICE 和 DICE 模型中，我们取 α（的极限）=1，这就得出对数或伯努利效用函数：

$$U[c_J(t), L_J(t)] = L_J(t)\{\log[c_J(t)]\} \qquad (2.3')$$

对大多数地区，假设人口增长遵循指数路径，而且基本预测方法如下：正如以下讨论的，在初始时期人口增长取自联合国数据。然后我们假设人口增长率按一个几何递减率一直下降。更准确些说，令 $g^{pop}_J(t)$ 是 J 地区的人口增长率，t 是时期，而 δ^{pop}_J 是不变的下降率。t 时间的人口增长率就是：

$$g^{pop}_J(t) = g^{pop}_J(0)\exp(-\delta^{pop}_J t) \qquad (2.4)$$

容易证明这个假设导致稳定的人口。它的优点是，人口轨迹可以用两个参数代表，并可以容易地让它适于不同的预测。RICE-99 选择的参数导致在初始十年中，全球人口增长率为每年 1.5%，

---

[1] 这个公式从方程式分子的幂函数中减 1，因此表达式的极限为 $L_J(t)\{\log[c_J(t)]\}$ 作为 α 趋向于 1。

而且每 10 年全球人口增长率下降 20%。全球渐近的最大人口为 115 亿。

生产用标准新古典生产函数的修正来代表。对 J 地区，不变规模收益的柯布-道格拉斯生产函数，根据资本 $[K_J(t)]$、劳动力 $[L_J(t)]$ 和碳能源 $ES_J(t)$ 给出产量或 GDP $[Q_J(t)]$。碳能源代表能源服务。碳排放与能源服务存在效率指数函数关系，这个函数一直在变，以反映碳节约技术的变化：

$$Q_J(t) = \Omega_J(t)\{A_J(t)K_J(t)^\gamma L_J(t)^{1-\beta_J-\gamma}ES_J(t)^{\beta_J}$$
$$- c_J^E(t)ES_J(t)\} \qquad\qquad (2.5a)$$
$$ES_J(t) = \zeta_J(t)E_J(t) \qquad\qquad (2.5b)$$

在方程式（2.5a）中，γ 是产量对资本的弹性，并假设为 0.3，β_J 是产量对能源服务的弹性（下面讨论），且（$1-\beta_J-\gamma$）项是产量对劳动的弹性，$A_J(t)$ 代表希克斯中性技术变化的水平。$\Omega_J(t)$ 项是与气候变化对产量影响相关的危害系数，并在下面讨论。劳动投入等于人口；这与假设它们与人口成比例，并根据一个不变因子调整 $A_J(t)$。资本积累在下方进行阐述，碳能源累计稍后进行讨论。从总产量中减去方程式（2.5a）中 $[c_J^E(t)ES_J(t)]$ 项得出生产碳能源的成本。

方程式（2.5b）说明了碳能源投入与能源服务之间的关系。能源部门技术变化是碳的增长，这里 $\zeta_J(t)$ 是碳增长的技术水平。由于碳增长技术变化，社会能从每一单位碳能源效率中获得更多能源服务。

模型中一个主要的不确定性涉及 $A_J(t)$，或者全要素生产率（TFP）未来增长的预测。假设 TFP 增长在未来三个世纪中逐步放慢，直至最后停止。推导出估算的准确技术到第 3 章第 3 节第 1 部分说明。在 DICE 模型和 RICE 模型内，预测 TFP 的技术公式类似以上介绍的人口增长。令 $g_J^A(t)$ 是 t 时期 TFP 增长率，而 δ_J^A 是它不变的下降率。那么，t 时的生产率增长就是：

$$g_J^A(t) = g_J^A(0)\exp(-\delta_J^A t) \qquad (2.6)$$

这里 δ_J^A 是选定的，以便 $A_J(t)$ 会渐近到 A_J^*，这里，A_J^* 是 J 地区全要素生产率渐近水平。

在某一部门封闭经济中，$Q_J(t)$ 等于 $C_J(t)+I_J(t)$，这里 $C_J(t)$ 是消费，而 $I_J(t)$ 是投资，在 RICE-99 中，各地区可以用交易碳排放许可证交换产品。由于存在交易，对地区支出的限制就变为：

$$Q_J(t)+\tau_J(t)[\,\Pi_J(t)-E_J(t)\,] = C_J(t)+I_J(t) \qquad (2.7)$$

这里 $\Pi_J(t)$ 是配给 J 地区碳排放许可证的数量，而 $\tau_J(t)$ 是碳排放许可证的价格。方程式（2.7）左边第二项衡量一个地区从它买卖许可证中得到的净收益。如果它的碳排放超过许可证的配给，它买的许可证就比它卖的多，而且它的净收益是负的。我们可以用以下的 $\tau_J(t)$ 表示为**碳税**，因为它的作用正好与碳税一样，但它也可以被解释为排放许可证的市场价格。排放许可证的配给由各方之间的协议决定。每一个地区也可以把碳税作为外生的。

　　一个主要的研究调查与政策问题是排放交易区的数量和布局。一个交易区 B 是一组地区，这个地区碳税（或者许可证价格）是相等的，而且总排放不能超过许可证的总配给。将地区划分为贸易区使分析像《京都议定书》这样要求排放交易的政策影响更容易。方程组（2.7′）给出许可证分配和交易区碳税的数学条件：

对 B 成员的所有 J，$\tau_J(t) = \tau_B(t)$

$$
\begin{aligned}
\sum_{J \in B} \Pi_J(t) &\geqslant \sum_{J \in B} E_J(t) \\
\sum_{J \in B} \Pi_J(t) &= \sum_{J \in B} E_J(t) \text{ if } \tau_b > 0 \qquad (2.7') \\
\tau_B(t) &\geqslant 0
\end{aligned}
$$

每个地区都正好是一个交易区。在本书讨论的情况下，交易区最频繁出现的数字是"1"——整个世界。

　　下面的方程式为人均消费定义：

$$
c_J(t) = C_J(t) / L_J(t) \qquad (2.8)
$$

　　资本存量的变化由下式给出：

$$
K_J(t) = K_J(t-1)(1-\delta_K)^{10} + 10 \times I_J(t-1) \qquad (2.9)
$$

这里 δ_K 是资本存量每年的折旧率。我们假设，每年资本折旧率为 10%。方程式（2.9）中，$I_J(t-1)$ 的系数为 10，反映投资用每年比率衡量的惯例，而模型中的时间期限是 10 年。

下一组关系涉及能源市场的供给方。碳能源成本为：

$$c_J^E(t) = q(t) + Markup_J^E(t) \qquad (2.10)$$

这里 $c_J^E(t)$ 是 J 地区每单位碳能源的成本，$q(t)$ 是不包括霍特林租金的碳能源批发价格，而 $Markup_J^E(t)$ 是碳成本的加成。假设批发价格 $q(t)$ 在不同地区是相同的。加成部分采集了在交通、分布成本和国家能源税上的地区差别，并假设其一直是不变的。能源税可以解释为反映能源生产和消费的外在成本的庇古税。

注意，方程式（2.10）中的碳能源成本并不取决于 $\zeta_J(t)$，即碳能源与碳服务的比率。碳节约技术的变化也模型化了，以使它**没有**产量效应。在 RICE-99 中，全要素生产率 $A_J(t)$ 使总生产率增加，但脱碳的作用 $\zeta_J(t)$ 降低了碳排放与碳能源的比率。

下一个方程式定义了累积的碳工业排放：

$$CumC(t) = CumC(t-1) + 10 \times E(t) \qquad (2.11)$$

这里 $CumC(t)$ 是在第 t 期结束时，累积的碳能源消费，而 $E(t)$ 是在 t 时期内世界碳能源使用量。$E(t)$ 是不同地区碳能源使用量的总和。

下面的方程式代表碳能源的供给曲线：

$$q(t) = \xi_1 + \xi_2 \left[CumC(t)/CumC* \right]^{\xi_3} \qquad (2.12)$$

在方程式（2.12）中，$q(t)$ 是碳能源的批发（供给）价格，而 ξ_1、ξ_2 和 ξ_3 是参数[1]。$CumC^*$ 代表拐点的参数，超过了这个点，碳能源的边际成本就开始急剧地上升。

浓度、气候变化和危害方程

　　下一组关系已证明是重大的挑战，因为没有充分确定的经验规律，而且没什么可以代表经济活动与气候变化之间联系的可以依靠的历史。如同经济关系一样，用一个小规定以使理论模型是透明的，并使最优模型在经验上是易处理的。在宏观经济模型中用抓住广泛总量（如消费者或投资者）行为的方程式代表经济行为，这种方法是从宏观经济学中得出的。气候变化经济学模型编制的挑战是像 DICE 和 RICE 模型这样的最优化方法需要总量关系。

　　第一种联系是经济活动与温室气体排放之间的关系。在 DICE-RICE 模型中，温室气体通过它们的辐射强迫影响气候变化。在一组温室气体中，只有工业 CO_2 在模型中是内生的。其他温室气体（包括土地使用变化产生的 CO_2）都是外生的，并根据政府间气候变化专门委员会（IPCC）、国际应用系统分析研究所

---

[1]　在修改的 RICE 模型的早期版本中，在每吨碳的成本 500 美元左右时，就引进支柱技术。现在的 RICE-99 和 DICE-99 模型并没有包括支柱技术。略去支柱技术意味着，未来碳能源价格可能上升到极其高；这也意味着，相对于支柱模型，现在的霍特林租金是高的，而且 RICE-99 模型的排放略低于有支柱技术的模型。试验说明，在下个世纪中，增加支柱技术的影响是比较小的，而且有不值得增加的复杂性。

（IIASA）以及其他科学团体的预测。2100 年近 80% 的辐射强迫来自 RICE-99 中的 CO_2，而超过 90% 累积的 CO_2 排放来自工业，因此，这里的注意力集中于工业 CO_2。

在初始的 DICE 模型中，假定碳排放的积累和传递遵循一个简单的过程，在这个过程中 CO_2 按不变的比率在大气中衰变。这一点根据与已建立的碳循环模型编制不一致之处进行了修改。

新的处理采用一种根据现有碳循环模型校准过的有三个储存模型的结构方法。基本思想是深海提供了有限但巨大的长期碳沉没储存地。按新的规定，我们假设，碳有三个储存地：大气、在浅层海洋和陆地生物圈中迅速混合的储存地，以及深海。假设这三个储存地的每一个，短期中都充分混合，而假设上层储存地和深海之间的混合是极其缓慢的。我们假设 CO_2 的积累和传递可以用以下线性三储存地模型来表示：

$$M_{AT}(t) = 10 \times ET(t-1) + \phi_{11} M_{AT}(t-1)$$
$$+ \phi_{21} M_{UP}(t-1) \qquad (2.13a)$$

$$M_{UP}(t) = \phi_{22} M_{UP}(t-1) + \phi_{12} M_{AT}(t-1)$$
$$+ \phi_{32} M_{LO}(t-1) \qquad (2.13b)$$

$$M_{LO}(t) = \phi_{33} M_{LO}(t-1) + \phi_{23} M_{UP}(t-1) \qquad (2.13c)$$

这里 $M_{AT}(t)$ 是时期结束时大气中的碳含量，$M_{UP}(t)$ 是上层储存地（生物圈和上层海洋）的碳含量，$ET(t)$ 是包括从土地使用改变产生的碳在内的全球 CO_2 排放，$M_{LO}(t)$ 是深海中的碳含量。系数 ϕ_{ij} 是从储存地 i 到储存地 j（每个时期）的传送率；i 和 j 可代表 AT、UP 和 LO。在第 3 章中说明方程式（2.13a）、（2.13b）和（2.13c）的校准。

下一步关注温室气体积累和气候变化之间的关系。这一部分采用和初始 DICE 和 RICE 模型同样的规定，因为并没有什么引起基本方法修改的主要发展。气候模型编制者已经发展了估算温室气体上升对气候变量影响的各种各样方法。整体上看，现有的模型太过于复杂，以至于无法被包括在经济模型中，特别是用于最优化的模型。相反，运用小结构模型，可以抓住温室气体浓度、辐射强迫和气候变化动态之间的基本关系。

温室气体积累通过用增加的辐射提高表面温度，而引起全球变暖。温室气体积累和增加的辐射强迫 $F(t)$ 之间的关系，是从经验衡量和气候模型中得出来的。关系用下式特征化：

$$F(t) = \eta\{\log[M_{AT}(t)/M_{AT}^{PT}]/\log(2)\} + O(t) \qquad (2.14)$$

这里 $M_{AT}(t)$ 是 10 亿吨碳的大气中 CO_2 的浓度，$F(t)$ 是 1900 年以来辐射强迫的增加量，以瓦特每平方米（W/m^2）为单位，这是辐射强迫的标准度量。$O(t)$ 代表其他温室气体（CFCs、CH_4、N_2O 及臭氧）和气溶胶的影响。这些其他气体代表了总变暖潜能的一小部分；对它们的来源了解很少，而且阻止它们积累的技术今天也知之不多；因此它们被视为外生的。M_{AT}^{PI} 这一项是前工业社会大气中 CO_2 的浓度（可以取 596.4 GtC，为百万分之二百八十左右）。

　　辐射强迫的外生组成部分清单包括在 $O(t)$ 中，代表了其与 RICE-DICE 模型以前版本的分歧，可以把 CFCs 作为内生的，并没有包括气溶胶的影响。非 CO_2 温室气体和气溶胶的辐射强迫在现在的版本中低得多，反映了 CFCs 和气溶胶冷却较小的预期影响。这些抵消了略高一点的甲烷、一氧化二碳和对流层臭氧的预测。所有这些问题在下一章详细讨论。

　　方程式（2.14）中来自 CO_2 辐射强迫的参数化并没有争议。它依靠大气浓度数据的变化，并把这些结合进最近全面的 IPCC 报告［IPCC（1996a）］说明的一系列辐射强迫中。现在模型的主要假设是，发现 CO_2 浓度加倍会引起辐射强迫增加 4.1 W/m^2。

　　下一组方程式提供了辐射强迫与气候变化之间的联系。再说一次，规定与初始的 DICE/RICE 模型相同。高辐射强迫使大气层变暖，然后使浅海变暖，逐渐使深海变暖。系统中的滞后主要是由于不同层中的热惯性导致的。模型可以写为如下形式：

$$T(t) = T(t-1) + \sigma_1\{F(t) - \lambda T(t-1) - \sigma_2[T(t-1)$$
$$- T_{LO}(t-1)]\} \qquad (2.15a)$$

$$T_{LO}(t) = T_{LO}(t-1) + \sigma_3[T(t-1) - T_{LO}(t-1)] \qquad (2.15b)$$

这里 $T(t)$ 是自从 1900 年以来，大气和浅海全球性、季节性平均温度的升高。$T_{LO}(t)$ 是深海温度的升高。$F(t)$ 是大气中辐射强迫的增加，λ 是反馈参数，而 σ_i 是反映不同下沉的流动率与热容量的传递系数。

　　方程式（2.15a）和（2.15b）可以理解为变暖来源对水池影响的一个简单例子。假设一盏热灯被打开了［这是 $F(t)$ 或辐射强迫的增加］。水面上层与空气上层逐渐变暖了，随着热扩散到水池底部，较深的水层也逐渐变暖了。在这个简单的例子中，表面变暖的滞后是由水池的规模（这就是热惯性）以及水层不同层次混合的速度决定的。诺德豪斯（1994b）根据初始 DICE 模型对这一组方程式作了充分说明。

　　下一组联系在气候变化对人类和自然系统经济影响的环节中。已经证明，温室效应的危害是极其难以估计的。针对本书的目的，假设温室效应的危害与全球变暖的程度之间存在一种关系。更加特别地说，全球温度升高和收入之间的关系式如下：

$$D_J(t) = \theta_1,{}_JT(t) + \theta_2,{}_JT(t)^2 \qquad (2.16)$$

这里 $D_J(t)$ 是气候变化对一个地区的危害，作为气候危害的净输出的一个部分，并与全球均值温度变化的危害相关。危害函数是一个二次函数，在第 4 章中将说明这个危害关系。

　　最后，危害函数可以用 Ω 系数包括进方程式（2.5）的生产函数中，如下：

$$\Omega_J(t) = 1 / [1 + D_J(t)] \qquad (2.17)$$

　　方程式（2.1）到（2.17）形成了以后各章分析的 RICE-99 模型。附录 A 列出了 RICE-99 模型的方程式。在附录 C 中，总结了主要变量。RICE-99 模型的 GAMS 电脑编程列在附录 D 中。

碳能源市场上的均衡

在以上简述的模型的竞争均衡中，碳能源的需求满足以下条件：

$$\beta_J \Lambda_J(t) ES_J(t)^{\beta_J - 1} = c_J^E(t) + h(t)/\zeta_J(t) + \tau_J(t)/\zeta_J(t) \qquad (2.18a)$$

这里 $A_J(t)$ 是等于 $\Omega_J(t) A_J(t) K_J(t)^\gamma L_J(t)^{1-\gamma-\beta_J}$ 的一个比例因子。

重写，我们得出：

$$E_J(t) = [1/\zeta_J(t)] \{[c_J^E(t) + h(t)/\zeta_J(t) + \tau_J(t)/\zeta_J(t)]/$$
$$\beta_J \Lambda_J(t)\}^{[1/(\beta_J-1)]} = \zeta_J^t[\tau_J(t)] \qquad (2.18b)$$

市场价格包括了三项：碳能源的生产成本、代表现在碳能源的开采对未来开采成本影响的霍特林租金，以及碳税。碳税和霍特林租金只适用于碳能源的碳含量，因此它们要根据方程式（2.18a）中的碳与碳能源的比率调整。从市场价格中减去地区构成，得出碳能源的批发价格。

把贸易区内各地区的方程式（2.18b）加总并代入式（2.7′），我们得出工业排放许可证市场的均衡条件：

$$\sum_{J \in B} \Pi_J(t) \geq \sum_{J \in B} \zeta'_J[\tau_b(t)] \qquad (2.19)$$

如果碳税大于零，不等式就会变成等式，$\zeta'_J[\tau_J(t)]$ 即方程式（2.18b）的右边，它说明，在一个交易区中，对许可证的需求不会超过供给。

RICE-99 中的政策

决策者（或分析政策的模型编制者）可以把碳税或排放许可证作为 RICE-99 中的政策工具。在实践中，有许多方法可以间接地，或在结合中完成这些。

方程式（2.19）说明，决策者可以把每个交易区的碳税或分配给每个贸易区的总许可证作为一个政策变量。如果决策者规定了一个交易区的许可证总量，那么，碳税就由使需求与供给相等的必要量决定。如果决策者规定了碳税，那么，一个贸易区总许可证配给就确定了，尽管决策者可以选择如何在交易区成员中划分许可证。使用者仅需通过给每个地区发放等于其市场或均衡碳税时来自方程式（2.18b）的排放量的准许量，即可在任何碳税调度下满足方程式（2.19）。

将所有地区的碳税设置为零，将产生模型的参考或基线情况，如果不采取有效政策减缓全球变暖，将出现对全球变暖后果的预测。在基线情况下，排放由无控制的市场决定。

　　一个帕累托最优政策——设计为引起经济上有效的排放水平的政策——可以通过确定使每一个地区的碳税等于全球碳的环境影子价格来实现。碳的环境影子价格是指通过环境渠道对今天的一单位排放在未来所有时期所有地区消费现值的影响。

　　正如在后面的模拟中看到的，减缓全球变暖的政策在不同地区有完全不同的成本与收益。一些地区可能受气候变化影响更大，而且有效政策的成本也可能完全是不对称的。在一个贸易区内，碳许可证的分配是影响气候变化政策收入和损失分配的一种方法。给予一个地区大于它的排放的排放许可证，将转移到该地区从其他地区收取的排放许可收益。[1]

　　给予每个地区等于它排放量的许可证数量可以确保不会发生通过许可证买卖的转移。不引起不同地区收入再分配的排放许可证分配，称为**收益中性许可证分配**，这就相当于在一个国家设定统一的碳税，且确定国家之间不进行转移的制度。

　　可以把使用者的政策选择解释为许可证交易协议，任何满足了以上限制的碳税与分配许可证的结合，都可以解释为有既定碳税与税收收入的财政制度。假设在统一碳税计划中有一种有用方法在起作用，这里区域就协调了它们的碳税，而且在每个地区，以一种统一总和的形式把收益再分配给了自己的公民，在这个模型中，可以通过确定所有区域相等，并以中性收益方式分配许可证来实施。

---

[1] 这一点假设碳税不为零。

第 3 章 |
主要部分的校准

地区规定

RICE-99 的数据是根据 13 个子区域收集的，因模型编制的目的需要，它加总为 8 个地区。8 个地区根据经济或政治相似性分组。美国和中国构成了 8 个地区中的 2 个。经合组织欧洲会员国作为一个单位，因其地区政治与经济一体化水平高。

其他地区一般根据区域性或经济相似性分组。其他高收入组包括日本、加拿大、澳大利亚和其他几个较小的国家和地区。俄罗斯及东欧国家和地区包括俄罗斯和前中央计划经济地区，有极高的碳含量。中等收入组中重要的国家和地区包括巴西、韩国、阿根廷、马来西亚，以及高收入的 OPEC 国家。中低收入国家和地区包括墨西哥、土耳其、泰国、南非，南美许多国家，以及伊朗这样有大量石油出口的国家和地区。低收入国家和地区，按人口从大到小排序，最大的地区包括南亚和东南亚大部分国家，原属苏联的亚洲大部分国家，撒哈拉沙漠以南非洲，以及少数拉丁美洲国家。[1]

表 3.1 和表 3.2 说明地区构成以及每个地区 CO₂ 排放、人口、GDP，和 GDP 增长的数据。表 3.3 到表 3.5 说明不同地区的人均产量增长，能源含量以及碳含量计算的数据。

表 3.1 RICE-99 模型的地区细节

	1995 年工业 CO₂ 排放（1000 吨碳）	国内生产总值（1990 年美国价格，市场交换率）		1995 年人口（百万）	1995 年 CO₂ 与 GDP 比率（每千美元吨碳）
		1995 年（10 亿美元）	1970—1975 年 GDP 增长率（每年百分比）		
美国	1407257	6176	2.6	263.12	0.23
其他高收入国家和地区	556855	4507	3.6	191.61	0.12
日本	307520	3420	3.6	125.21	0.09
加拿大	118927	541	3.2	29.61	0.22
澳大利亚	79096	295	3.1	18.05	0.27
新加坡	17377	46	8.1	2.99	0.38
以色列	12642	66	5.0	5.52	0.19
中国香港	8459	84	7.4	6.19	0.10
新西兰	7489	49	2.2	3.60	0.15
美属维尔京群岛	3121	2	NA	0.10	2.01

[1] 全书的表和正文中，我们偶尔也用以下简称：美国——USA，其他高收入国家和地区——OHI，经合组织欧洲会员国——OECD 欧洲，俄罗斯及东欧各国家和地区——R & EE，中等收入国家和地区——MI，中低收入国家和地区——LMI，低收入国家和地区——LI。

（续表）

	1995年工业CO$_2$排放（1000吨碳）	国内生产总值（1990年美国价格，市场交换率）		1995年人口（百万）	1995年CO$_2$与GDP比率（每千吨碳美元吨碳）
		1995年（10亿美元）	1970—1975年GDP增长率（每年百分比）		
关岛	1129	—	NA	—	NA
阿鲁巴	491	—	NA	—	NA
巴哈马	466	3	NA	0.28	0.14
百慕大	124	1	NA	0.06	0.08
英属维尔京群岛	14	—	NA	—	NA
安道尔	—	—	NA	—	NA
法罗群岛	—	—	NA	—	NA
摩纳哥	—	—	NA	—	NA
圣马利诺	—	—	NA	—	NA
经合组织欧洲会员国	850839	6892	2.4	380.85	0.12
德国	227920	1787	2.3	81.87	0.13
英国	147964	892	2.1	58.53	0.17
意大利	118927	998	2.6	57.20	0.12

（续表）

国家	1995 年工业 CO₂ 排放（1000 吨碳）	国内生产总值（1990 年美国价格，市场交换率）		1995 年人口（百万）	1995 年 CO₂ 与 GDP 比率（每千美元吨碳）
		1995 年（10 亿美元）	1970—1975 年 GDP 增长率（每年百分比）		
法国	92818	1189	2.5	58.06	0.08
西班牙	63211	406	2.9	39.20	0.16
荷兰	37093	303	2.4	15.46	0.12
比利时	28334	189	2.3	10.15	0.15
希腊	20820	60	2.5	10.47	0.35
挪威	19774	125	3.5	4.35	0.16
奥地利	16179	165	2.7	5.11	0.10
丹麦	14975	132	2.1	5.22	0.11
葡萄牙	14172	58	3.3	9.93	0.24
芬兰	13923	107	2.4	5.11	0.13
瑞典	12170	195	1.6	8.83	0.06
瑞士	10604	213	1.4	7.04	0.05
爱尔兰	8798	53	4.2	3.59	0.16
卢森堡	2528	13	NA	0.41	0.20

（续表）

	1995 年工业 CO_2 排放（1000 吨碳）	国内生产总值（1990 年美国价格，市场交换率）			1995 年人口（百万）	1995 年 CO_2 与 GDP 比率（每千美元吨碳）
		1995 年（10 亿美元）	1970—1975 年 GDP 增长率（每年百分比）			
冰岛	492	6	NA		0.27	0.08
格陵兰	137	1	NA		0.06	NA
列支敦士登	—	—	NA		—	NA
俄罗斯及东欧国家和地区	863849	1095	1.6		535.09	0.79
俄罗斯	496182	334	1.2		148.20	1.48
东欧	367667	380	2.8		193	0.95
乌克兰	119599	34	1.0		51.55	3.55
波兰	92818	74	NA		38.61	1.25
罗马尼亚	33049	35	NA		22.69	0.95
捷克	30581	37	10.9		10.33	0.83
白俄罗斯	16185	20	1.2		10.34	0.81
保加利亚	15474	25	NA		8.41	0.62

（续表）

	1995年工业 CO₂排放（1000吨碳）	国内生产总值（1990年美国价格，市场交换率）		1995年人口（百万）	1995年 CO₂与GDP 比率（每千美元吨碳）
		1995年（10亿美元）	1970—1975年 GDP增长率（每年百分比）		
匈牙利	15250	27	2.2	10.23	0.56
斯洛伐克	10381	19	10.7	5.37	0.56
塞尔维亚和黑山	9026	60	NA	10.54	0.15
克罗地亚	4644	9	NA	4.78	0.49
爱沙尼亚	4488	4	0.7	1.48	1.03
立陶宛	4043	8	1.0	3.72	0.51
斯洛文尼亚	3197	8	NA	1.99	0.41
摩尔多瓦	2952	2	−0.9	4.34	1.54
马其顿*	2934	4	NA	2.16	0.69
拉脱维亚	2543	6	0.6	2.52	0.46
波斯尼亚和黑塞哥维那	503	9	NA	4.38	0.06

（续表）

	1995年工业 CO$_2$ 排放（1000 吨碳）	国内生产总值（1990 年美国价格，市场交换率）		1995年人口（百万）	1995 年 CO$_2$ 与 GDP 比率（每千美元吨碳）
		1995 年（10 亿美元）	1970—1975 年 GDP 增长率（每年百分比）		
中等收入国家和地区	427153	1372	4.7	323.67	0.31
韩国	101963	288	8.8	44.85	0.35
巴西	68012	370	4.5	159.22	0.18
中国台湾	46720	195	NA	21.30	0.24
阿根廷	35334	149	1.8	34.67	0.24
马来西亚	29095	71	7.3	20.14	0.41
特立尼达和多巴哥	4670	6	NA	1.29	0.84
波多黎各	4240	36	NA	3.72	0.12
荷属安的列斯群岛	1762	—	NA	—	NA
塞浦路斯	1413	7	NA	0.73	0.21
加蓬	967	6	NA	1.10	0.17
苏里南	587	2	NA	0.43	0.36
马提尼克岛	556	—	NA	—	NA

（续表）

	国内生产总值（1990年美国价格，市场交换率）			
1995年工业CO_2排放（1000吨碳）	1995年（10亿美元）	1970—1975年GDP增长率（每年百分比）	1995年人口（百万）	1995年CO_2与GDP比率（每千美元吨碳）
马耳他 471	3	NA	0.37	0.16
新喀里多尼亚 468	—	NA	—	NA
留尼汪 424	—	NA	—	NA
中国澳门 336	4	NA	1.97	0.08
巴巴多斯 225	0	NA	1.53	0.75
法属波利尼西亚 153	—	NA	—	NA
安提瓜和巴布达 88	0	NA	0.07	0.20
直布罗陀 62	—	NA	—	NA
圣卢西亚 52	0	NA	0.16	0.11
塞舌尔 44	0	NA	0.08	0.11
瑙鲁 38	—	NA	—	NA
圣基茨和尼维斯 26	0	NA	0.04	0.14
圣皮埃尔和密克隆群岛 19	—	NA	—	NA

（续表）

	1995年工业CO₂排放（1000吨碳）	国内生产总值（1990年美国价格，市场交换率）		1995年人口（百万）	1995年CO₂与GDP比率（每千吨碳美元吨碳）
		1995年（10亿美元）	1970—1975年GDP增长率（每年百分比）		
蒙特塞拉特	12	—	NA	—	NA
特克斯和凯科斯群岛	0	—	NA	—	NA
马恩岛	—	—	NA	—	NA
北马里亚纳群岛	—	—	NA	—	NA
安圭拉岛	—	—	NA	—	NA
高收入OPEC成员国和地区	129416	234	3.7	32.03	0.55
阿联酋	18642	37	NA	2.46	0.50
卡塔尔	7920	7	NA	0.64	1.07
科威特	13297	32	NA	1.55	0.41
沙特阿拉伯	69392	108	3.7	18.98	0.64
利比亚	10754	27	NA	5.41	0.40
阿曼	3116	14	NA	2.14	0.22

（续表）

	国内生产总值（1990年美国价格，市场交换率）				
	1995年工业CO₂排放（1000吨碳）	1995年（10亿美元）	1970—1975年GDP增长率（每年百分比）	1995年人口（百万）	1995年CO₂与GDP比率（每千美元吨碳）
巴林	4048	5	NA	0.58	0.77
文莱	2247	4	NA	0.29	0.64
中低收入国家和地区	560578	1156	3.7	571.42	0.43
墨西哥	97662	179	3.4	91.83	0.54
南非	83462	102	2.1	41.16	0.82
伊朗	71987	211	NA	64.12	0.34
委内瑞拉	49193	65	2.0	21.67	0.76
土耳其	47773	129	4.3	61.06	0.37
泰国	47773	122	7.5	58.24	0.39
哈萨克斯坦	37093	18	1.6	16.61	2.04
阿尔及利亚	24909	76	3.4	27.96	0.33
哥伦比亚	18429	57	4.5	36.81	0.32
叙利亚	12561	20	6.2	14.11	0.62

（续表）

国家	1995年工业CO_2排放（1000吨碳）	国内生产总值（1990年美国价格，市场交换率）		1995年人口（百万）	1995年CO_2与GDP比率（每千美元吨碳）
		1995年（10亿美元）	1970—1975年GDP增长率（每年百分比）		
智利	12037	16	5.2	14.23	0.75
秘鲁	8341	28	2.2	23.82	0.30
摩洛哥	7995	26	3.9	26.56	0.31
古巴	7933	23	NA	11.01	0.35
土库曼斯坦	7733	1	3.6	4.51	5.96
厄瓜多尔	6177	7	4.5	11.48	0.83
突尼斯	4178	15	5.1	8.96	0.29
多米尼加	3212	7	4.5	7.82	0.43
牙买加	2470	4	NA	2.52	0.59
巴拿马	1882	8	NA	2.63	0.24
乌拉圭	1468	10	1.8	3.18	0.15
哥斯达黎加	1428	7	4.1	3.40	0.20
萨尔瓦多	1416	7	1.9	5.62	0.22
巴拉圭	1036	6	5.2	4.83	0.18

（续表）

	1995年工业 CO_2 排放（1000吨碳）	国内生产总值（1990年美国价格，市场交换率）		1995年人口（百万）	1995年 CO_2 与GDP比率（每千美元吨碳）
		1995年（10亿美元）	1970—1975年GDP增长率（每年百分比）		
巴布亚新几内亚	677	5	3.1	4.30	0.13
瓜德罗普	416	—	NA	—	NA
毛里求斯	407	3	NA	1.12	0.13
法属圭亚那	238	—	NA	—	NA
斐济	201	2	NA	0.79	0.11
伯利兹	113	1	NA	0.22	0.21
开曼群岛	84	—	NA	—	NA
美属萨摩亚	75	—	NA	—	NA
太平洋群岛	65	—	NA	—	NA
格林纳达	46	0	NA	0.10	0.21
圣文森特和格林纳丁斯	34	0	NA	0.11	0.15
汤加	28	0	NA	0.10	0.28

（续表）

	国内生产总值（1990年美国价格，市场交换率）				
	1995年工业CO$_2$排放（1000吨碳）	1995年（10亿美元）	1970—1975年GDP增长率（每年百分比）	1995年人口（百万）	1995年CO$_2$与GDP比率（每千美元吨碳）
多米尼克	22	0	NA	0.07	0.13
瓦努阿图	17	0	NA	0.17	0.11
库克群岛	6	—	NA	—	NA
纽埃	1	—	NA	—	NA
纳米比亚	—	—	NA	—	NA
密克罗尼西亚	—	—	NA	—	NA
马绍尔群岛	—	—	NA	—	NA
瓦利斯和富图纳	—	—	NA	—	NA
中国	871311	654	8.5	1200.24	1.33
低收入国家和地区	620793	1216	3.4	2377.02	0.51
印度	248017	447	4.4	929.36	0.55

（续表）

	1995年工业CO$_2$排放（1000吨碳）	国内生产总值（1990年美国价格，市场交换率）		1995年人口（百万）	1995年CO$_2$与GDP比率（每千吨碳/美元）
		1995年（10亿美元）	1970—1975年GDP增长率（每年百分比）		
印度尼西亚	80822	158	7.1	193.28	0.51
朝鲜	70138	15	NA	23.87	4.82
伊拉克	27020	12	NA	20.10	2.33
乌兹别克斯坦	26986	15	3.3	22.77	1.77
埃及	25023	48	5.4	57.80	0.53
巴基斯坦	23296	56	5.3	129.91	0.42
菲律宾	16692	49	3.4	68.60	0.34
阿塞拜疆	11620	3	-0.2	7.51	3.52
越南	8654	68	NA	73.48	0.13
孟加拉国	5713	27	3.3	57.80	0.21
也门	3933	11	NA	15.27	0.37
黎巴嫩	3641	6	NA	4.01	0.57
约旦	3632	9	NA	4.21	0.40

（续表）

	1995年工业CO_2排放（1000吨碳）	国内生产总值（1990年美国价格，市场交换率）		1995年人口（百万）	1995年CO_2与GDP比率（每千吨美元吨碳）
		1995年（10亿美元）	1970—1975年GDP增长率（每年百分比）		
玻利维亚	2859	7	2.5	57.80	0.43
蒙古	2308	4	NA	2.46	0.55
格鲁吉亚	2114	3	−3.4	5.40	0.80
危地马拉	1962	11	3.4	10.62	0.18
缅甸	1919	15	NA	45.11	0.13
斯里兰卡	1607	10	4.5	18.11	0.15
吉尔吉斯斯坦	1491	1	2.4	4.52	1.18
洪都拉斯	1052	6	3.8	5.92	0.17
塔吉克斯坦	1021	2	3.4	5.84	0.61
亚美尼亚	996	1	−0.1	3.76	0.83
尼加拉瓜	737	4	−0.2	4.38	0.18
阿尔巴尼亚	504	3	NA	3.26	0.15
尼泊尔	418	5	3.7	21.46	0.08

（续表）

	1995年工业CO₂排放（1000吨碳）	国内生产总值（1990年美国价格，市场交换率）		1995年人口（百万）	1995年CO₂与GDP比率（每千美元吨碳）
		1995年（10亿美元）	1970—1975年GDP增长率（每年百分比）		
阿富汗	338	14	NA	23.48	0.02
圭亚那	255	1	NA	0.83	0.50
海地	174	2	0.4	7.17	0.09
柬埔寨	136	2	NA	10.02	0.09
老挝	84	2	NA	4.88	0.04
不丹	65	0	NA	0.70	0.14
西撒哈拉	57	—	NA	—	NA
马尔代夫	50	0	NA	0.25	0.25
所罗门群岛	44	0	NA	0.38	0.16
西萨摩亚**	36	0	NA	0.17	0.36
圣多美和普林西比	21	0	NA	0.13	0.29
基里巴斯	6	0	NA	0.08	0.17
约旦河西岸地区	—	—	NA	—	NA

（续表）

	1995 年工业 CO_2 排放（1000 吨碳）	国内生产总值（1990 年美国价格，市场交换率）		1995 年人口（百万）	1995 年 CO_2 与 GDP 比率（每千美元吨碳）
		1995 年（10 亿美元）	1970—1975 年 GDP 增长率（每年百分比）		
加沙地带	—	—	NA	—	NA
图瓦卢	—	—	NA	—	NA
托克劳	—	—	NA	—	NA
非洲	45352	199	2.7	532	0.23
斯威士兰	124	1	NA	0.90	0.13
莱索托	—	—	NA	—	NA
尼日利亚	24759	45	2.9	111.27	0.55
科特迪瓦	2828	12	2.6	13.98	0.24
苏丹	955	14	NA	26.71	0.07
肯尼亚	1824	11	5.2	26.69	0.16
安哥拉	1256	8	NA	10.77	0.16
博茨瓦纳	612	3	NA	1.46	0.20

（续表）

	国内生产总值（1990 美国价格，市场交换率）				
	1995 年工业 CO_2 排放（1000 吨碳）	1995 年（10 亿美元）	1970—1975 年 GDP 增长率（每年百分比）	1995 年人口（百万）	1995 年 CO_2 与 GDP 比率（每千美元吨碳）
刚果（布）	346	3	NA	2.63	0.13
刚果（金）	573	5	NA	43.85	0.11
津巴布韦	2657	8	2.9	11.01	0.35
埃塞俄比亚	962	10	NA	56.40	0.10
塞内加尔	836	6	2.5	8.47	0.13
加纳	1104	8	1.9	17.08	0.14
赞比亚	656	3	0.9	8.98	0.25
马达加斯加	307	3	0.5	13.65	0.10
几内亚	295	3	NA	6.59	0.10
喀麦隆	1131	11	3.3	13.29	0.10
乌干达	285	12	NA	19.17	0.02
尼日尔	305	3	0.3	9.03	0.11
马里	127	3	3.0	9.79	0.04

（续表）

	1995 年工业 CO₂ 排放（1000 吨碳）	国内生产总值（1990 年美国价格，市场交换率）		1995 年人口（百万）	1995 年 CO₂ 与 GDP 比率（每千吨碳美元吨碳）
		1995 年（10 亿美元）	1970—1975 年 GDP 增长率（每年百分比）		
卢旺达	134	1	0.8	6.40	0.09
马拉维	198	2	3.7	9.76	0.12
贝宁	173	2	NA	5.48	0.08
索马里	3	1	NA	9.49	0.00
多哥	203	2	2.0	4.09	0.13
坦桑尼亚	666	5	NA	29.65	0.13
布基纳法索	261	3	3.6	10.38	0.09
莫桑比克	271	2	NA	16.17	0.11
中非	64	1	1.4	3.28	0.05
乍得	26	1	1.9	6.45	0.02
布隆迪	58	1	2.8	6.26	0.04
毛里塔尼亚	837	1	NA	2.27	0.65
利比里亚	87	1	NA	2.73	0.07

（续表）

	1995年工业CO₂排放（1000吨碳）	国内生产总值（1990年美国价格，市场交换率）		1995年人口（百万）	1995年CO₂与GDP比率（每千美元吨碳）
		1995年（10亿美元）	1970—1975年GDP增长率（每年百分比）		
塞拉利昂	121	1	0.8	4.20	0.15
吉布提	101	0	NA	0.60	0.24
冈比亚	59	0	NA	1.11	0.19
佛得角	31	0	NA	0.38	0.08
科摩罗	18	0	NA	0.49	0.08
几亚那比绍	63	0	NA	1.07	0.24
赤道几内亚	36	0	NA	0.40	0.12

表 3.1—3.5 来源：产量与人口数据来自《世界发展指标》（1998）。1995 年的能源数据来自联合国，《1995 年能源统计年鉴》（1975）。1970 年的能源数据来自联合国经济与社会事务部统计署，《世界能源供给，1970—1973》，纽约（1975）。其他年份的能源数据来自世界银行的《世界发展指标》（1998）。二氧化碳排放数据来自二氧化碳信息分析中心的网站。

* 现已改为北马其顿。
** 现已改为萨摩亚。

表 3.2　在 RICE-99 地区中主要地区总量

	1995 年工业 CO_2 排放（百万吨，碳加权）	国内生产总值（1990 年美国价格，市场交换率）			1995 年人口（百万）	1995 年 CO_2 与 GDP 比率（每千美元吨碳）
		（1995 年 10 亿美元）	1970—1995 年真实 GDP 增长率（每年百分比）	1995 年人均 GDP		
美国	1407.3	6176	2.6	23472	263.1	0.23
其他高收入国家和地区	556.9	4507	3.6	23522	191.6	0.12
经合组织欧洲成员国	850.8	6891	2.4	18094	380.9	0.12
俄罗斯及东欧国家和地区	863.8	693	1.6	2098	341.6	1.24
中等收入国家和地区	427.2	1372	4.7	4239	323.7	0.31
中低收入国家和地区	560.6	1156	3.7	2023	571.4	0.48
中国	871.3	654	8.5	545	1200.3	1.33
低收入国家和地区	620.8	1216	3.4	512	2377.0	0.51
全球	6158.7	22665	3.0	4020	5649.7	0.51

表 3.3　人均 GDP 增长率：地区平均（每年百分比，每年平均）

	1970—1975 年	1975—1980 年	1980—1985 年	1985—1990 年	1990—1995 年	1970—1995 年
美国	1.10	2.08	1.60	1.83	1.29	1.58
其他高收入国家和地区	2.95	3.16	2.42	3.53	0.96	2.60
经合组织欧洲会员国	2.32	2.70	1.37	2.74	0.95	2.01
俄罗斯及东欧国家和地区	5.20	4.20	2.75	1.08	−7.04	1.14
中等收入国家和地区	4.51	4.14	−1.91	1.55	3.04	2.24
中低收入国家和地区	2.46	2.31	0.13	0.92	0.75	1.31
中国	3.34	4.89	8.72	6.30	11.08	6.83
低收入国家和地区	1.87	2.53	−0.37	1.25	0.07	1.06
全球	2.18	2.96	0.37	1.91	0.62	1.60

表 3.4　商业能源增长率 /GDP 比率：地区总量（每年百分比，每年平均）

	1970—1975 年	1975—1980 年	1980—1985 年	1985—1990 年	1990—1995 年	1970—1995 年
美国	0.03	−1.32	−2.86	−1.10	−1.67	−1.39
其他高收入国家和地区	1.90	−1.51	−2.48	−1.00	−1.82	−0.99
经合组织欧洲会员国	1.43	−0.81	−1.19	−1.74	−2.95	−1.06

（续表）

	1970—1975 年	1975—1980 年	1980—1985 年	1985—1990 年	1990—1995 年	1970—1995 年
俄罗斯及东欧国家和地区	−2.76	−2.01	1.75	−2.26	0.74	−0.93
中等收入国家和地区	3.12	1.77	3.46	1.65	−1.16	1.75
中低收入国家和地区	9.70	−0.57	3.97	−1.71	−2.35	1.71
中国	−1.62	−0.62	−5.12	−2.85	−8.15	−3.71
低收入国家和地区	−3.83	1.16	4.95	1.33	−0.20	0.64
全球	0.78	−0.69	−0.02	−1.39	−2.38	−0.75

表 3.5　CO_2-GDP 比率的增长率：地区平均（每年百分比，每年平均）

	1970—1975 年	1975—1980 年	1980—1985 年	1985—1990 年	1990—1995 年	1970—1995 年
美国	−1.88	−1.75	−3.23	−0.70	−1.41	−1.80
其他高收入国家和地区	−1.44	−1.94	−3.15	−1.61	−0.30	−1.70
经合组织欧洲会员国	−2.03	−1.32	−3.18	−2.68	−1.94	−2.23
俄罗斯及东欧国家和地区	−1.87	−2.09	−1.64	−2.71	2.47	−1.19
中等收入国家和地区	−1.63	2.10	1.85	0.97	2.48	1.14
中低收入国家和地区	0.10	−0.05	0.25	−0.43	−0.51	−0.13
中国	2.39	−0.99	−4.09	−3.43	−5.93	−2.45
低收入国家和地区	2.64	0.83	0.57	0.73	1.54	1.26
全球	−0.65	−1.02	−1.47	−1.45	−0.77	−1.07

图 3.1 展示了这 13 个子区域的估算 CO_2 产出比率。

生产函数的校准

能源-生产模块

RICE-99 模型相对于初始模型和现有的气候变化模型，用了一种研究生产结构的新方法。主要的变化是，RICE-99 模型引入了一种新的概念和技术，通过定义一种称为"碳能源"的总量，将其纳入能源使用，并修订生产，使其符合一种更为传统的经济方法来模拟生产和投入的选择。这一节将说明新方法，并在下一节说明生产函数的校准。

假设每一个地区的产量数据与柯布-道格拉斯生产函数框架中的资本、劳动和碳能源数据相关 [参看第 2 章的方程式（2.5）]。可以把碳能源视为从碳燃料（即化石燃料）中得到的能源服务。在这种假设下，CO_2 排放是碳基础能源消费的联合产物。碳节约技术变革是为降低碳能源消费或碳排放与能源服务（或者在投入不变价格时每单位产量的碳排放量）的比率。碳能源是根据供给函数提供的，在供给函数中随着碳燃料耗尽，边际成本增加（本章第 4 节将讨论这一部分）。关于更多细节，参看第 2 章第 2 节。

加总的目的是通过具有单种能源投入，并把所有非碳燃料作为资本和劳动的组合来简化模型。这种方法的优点是极大地简化了燃料替代的巨大复杂性。这种方法的缺点是可能失去燃料间替代关系的一些细节，特别是对高碳税的情况而言。重要的是确保

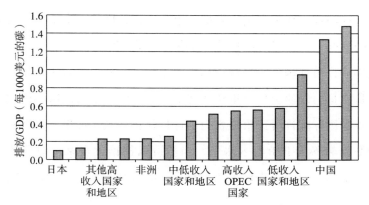

图 3.1　1995 年 13 个 RICE 子区域工业碳产量比率，关键地区详见表 3.1

总量模型在一段时间内以及在碳限制或碳税方面与更完整的分量模型有相同的行为。为了确保与更全面模型的一致性，我们把生产函数参数化，以使工业碳排放量对既定的碳税增加的反应和在分量模型中的反应同样，在分量模型中，排放量模型化为不同能源来源排放量的总和。

　　这里按照 1990 年美元的市场汇率计算产量、消费和投资的方式。正文、表和图中所有的美元价值均指 1990 年美元。价格可以（用美国 GDP 平减指数）乘 1.25 转换为 2000 年价格。

　　虽然用国际的或购买力平价（PPP）汇率衡量产量是一种普遍做法，但由于三个原因，在现在范围内是不合适的。第一，由于按市场汇率计算的历史产量数据比按 PPP 汇率计算的更容易得到，因此我们依靠这些数据，对未来产量和碳含量的增长做出预测。由于对产量水平的预测要与对碳含量增长率的预测保持一致，我们按市场汇率定义它们。第二，在最优化一个国家消费路径的情况下，应该用它的国内价格，而不是世界平均价格。第三，碳排放许可证国际交易按市场汇率进行，因此，需要用市场汇率衡量产量，以使贸易流量和经济生产之间的计量与碳减排的边际成本和国际碳许可证价格之间的计量保持一致。如果使用者喜欢把数据转换为 PPP 收入水平，当然可以根据代表某个时间段生活水平的一个因子来标记产量水平，但这对结果几乎没有实质性影响。

匹配初始时期与数据

回想一下上一章方程式（2.5）的生产函数。在第一时期，我们定义碳服务等于碳能源使用量 [即 $\varsigma_J(0) = 1$]，得到以下结果：

$$Q_J(0) = \Omega_J(0)\{ A_J(0)K_J(0)^{\gamma}L_J(0)^{1-\beta_J-\gamma} \times$$
$$E_J(0)^{\beta_J} - c_J^E(0)E_J(0) \} \qquad (3.1a)$$
$$c_J^E(0) = q(0) + Markup_J^E \qquad (3.1b)$$

$\Omega_J(0)$ 和 $q(0)$ 由以下将说明的方式决定。根据标准生产函数研究，假设资本弹性系数 γ 为 0.3。$L_J(0)$ 是来自数据的初始人口水平。$E_J(0)$ 由市场参与者内生地决定。

这就使参数 $A_J(0)$、$K_J(0)$、β_J 和 $Markup_J^E$ 公开。要对这些参数校准，以便在四个关键方面使模型与经验观察一致：GDP、工业排放、利率，以及碳税对排放的影响。这就是说，参数值由

每个地区的结果决定，即当 $t_J(0)=0$ 时，由在基点情况中解出的以下四个方程式的结合决定：[1]

第一时期产量 = 来自历史数据的产量 （3.2a）

第一时期工业排放 = 来自历史数据的工业排放量 （3.2b）

第一时期利率 = 目标值 （3.2c）

来自第一时期 50 美元碳税时碳排放变化 = 来自分量能源模型的计算 （3.2d）

方程式（3.2a）确定了式（3.1a）右边等于一个地区取自历史数据的实际产量。方程式（3.2b）确定了式（2.18b）右边的等于来自历史数据的实际工业排放量，假设 $h(0)=0$。[2]

在第一时期资本的利率是其净边际产值。在 RICE-99 中，这是由它对产量和下一时期资本存量的贡献给出的。方程式（3.2c）确定了这个值等于反映历史数据和各地区实际差别的目标值。

对政策目标来说，最重要的校准是确定碳排放限制的影响。用方程式（3.2d），设定参数使模型的减排与 50 美元的碳税目标相等。从式（2.18b）中可以计算出由于征收碳税 50 美元的实施，排放会减少。这给出了（3.2d）的右边。为了得出（3.2d）的左边，构建了分量能源部门模型，这个模型中，碳排放由下式给出：

$$E(0) = \sum X_i(0)\gamma_i \qquad (3.3)$$

---

[1] 对第四个方程式，我们衡量假设初始碳税为零时排放的变化。

[2] 在 RICE 基点情况的第一时期时，计算的霍特林租金为每吨碳能源 0.39 美元，与 $q(0)=$ 113 美元 / 吨碳相比，这本质上是零。

X_i 是能源资源 i 的消费，而 γ_i 是能源 i 每单位消费的 CO_2 排放。假设每种化石燃料的需求采用以下形式：

$$X_i(0) = \omega_i(0)\{P_i(0)/[P_i(0)+\tau(0)\gamma_i]\}^{\eta_i} \qquad (3.4)$$

这里 $\omega_i(0)$ 是第一时期能源来源 i 的消费，$P_i(0)$ 是第一时期能源来源 i 的价格，而 η_i 是对能源来源 i 的需求的价格弹性。用式（3.3）和式（3.4），我们计算由于 50 美元碳税的实施引起的排放变化，这就可以用在式（3.2d）的左边。[1]

数据来源

人口。初始的人口水平数据取自《联合国统计月报》（1996 年7 月）。

GDP。产量数据取自《联合国统计月报》（1996 年 7 月）。

工业二氧化碳排放量。工业总碳排放数据从美国能源部橡树岭国家实验室的 CDIAC（二氧化碳信息分析中心）获得。

能源消费。不同的能源来源（X_i）包含非电力煤消费、非电力天然气消费、电力消费，以及石油产品消费。电力消费数据来自《国际能源年鉴》[1996，由美国能源部能源信息署（EIA）发布]。电力中的化石燃料份额是用 1997 年版本的 EIA 世界能源预测系

---

[1] 为了得出给定区域的式（3.2d）的左边，我们首先从数据中删去所有我们没有完整数据的国家。然后我们用式（3.3）和式（3.4）计算由于 50 美元碳税的实施，每个国家和地区排放的变化。然后我们加总这些，并乘以该区域的工业总碳排放比率。（包括从计算中漏掉的国家，在有限的数据组中，加总不同国家式（3.3）的左边。）

统得出的。总的煤炭和天然气消费量的数据取自《国际能源年鉴》（1996），而非电力用煤和天然气的消费量是用电力消费量与总消费量定向的差额计算出来的。石油产品消费数据来自《国际能源年鉴》（1995）。

能源价格。电力价格、石油产品价格、煤炭价格和天然气价格的数据可以从 EIA 主页获得；多期《能源价格与税收》（由经合组织国际能源署出版）；世界银行技术论文第 248 篇，《亚洲能源价格调查》；以及多期《国际能源年鉴》。

价格弹性。在回顾了能源需求的文献之后，所有能源需求组成部分对零售价格的需求价格弹性在经合组织地区（美国、其他高收入国家和经合组织欧洲会员国）为 –0.7，在世界其他地方为 –0.84。

碳排放因子。个别化石燃料和石油产品的碳系数，来自美国能源部能源信息署的各种出版物。[1] 电力的碳系数是根据个别化石燃料在电力消费中的份额，并根据其转化为电能的标准效率调整加权后的个别化石燃料的碳系数之和。

外生趋势参数

上一节说明的是根据初始时期数据模型的校准。这一节说明控制 GDP 和碳排放中趋势的参数校准。这些参数控制了人口增

---

[1]　参看 EIA（1996）。

长、全要素生产率增长和碳服务与碳能源的比率。

校准的细节

对人口的经验估算。 正如以上说明的，RICE 模型使用了人口增长指数的平滑模型。根据这种方法，模型正好与人口预测轨道的三点一致：初始人口水平、渐近的人口水平，以及初始人口增长率。对中间的人口水平和增长率，该技术会引起较小的近似差。对更新的模型，这种方法特别有用，因为需要规范的参数很少。注意，针对预计人口将减少的两个区域（经合组织欧洲会员国与日本），我们直接输入前几个时期的数据，只有在预计人口开始下降时才开始用指数模型。

人口的数据来源。 关于初始的人口，参看上一节。对于经合组织欧洲会员国与日本的前四个时期，我们用《联合国世界人口展望》（1994 年版）对 1995 年、2005 年、2015 年和 2025 年的人口预测值。对静态（渐近的）人口水平，我们用来自《世界银行人口预测》（1994—1995 年）的人口预测值。初始人口增长率是根据《世界银行人口预测》（1994—1995 年）计算得出的。对一些地区，为了使它与世界银行对 2050 年的预测一致，做了一点修改。

长期产量增长的估算。 在不同地区经济增长的长期轨道有重大的不确定性。一些涉及环境问题，但最重要的可能是政治因素，有没有战争，以及未来的技术变化。表 3.3 中说明了在 RICE-99 中八个主要地区的人均产量历史增长率。

经济增长预测的依据之一是对 10 位经济学家和经济历史学家的非正式调查，他们被问及对长期增长趋势的看法。这些预测的主要假设是，在 21 世纪，发达地区的人均产出增长率将放缓，而到 21 世纪末，发展中地区的增长率将使人均产出部分趋于一致。

表 3.6 中提供了 RICE-99 假设与安格斯·麦迪逊（Angus Maddison，1998a）假设的比较。[1] 我们的假设一般与麦迪逊的假设一致，RICE-99 中世界加权的平均增长率在之后 20 年中每年接近 0.16%。这两个预测之间主要的差别是，我们对非洲和拉丁美洲比较乐观，而对中国不太乐观。

表 3.7 说明了 RICE-99 中不同地区的长期增长率、历史增长率以及人均 GDP 水平。

对长期产量增长的模型校准。为了建立长期经济增长趋势的模型，RICE-99 假设了一个技术进步的外生指数趋势，类似于以上说明的用于人口的指数趋势。生产率初始水平的选择［生产函数中的系数 $A_j(0)$］是以上说明的。初始生产率增长率是被选定的，以使人均产量的第一期与第二期之间的增长等于假设的比率。TFP 增长率以指数比率下降与假设的人均产量渐近水平一致。图 3.2 和表 3.7 中说明了人均产量历史增长率与计算的增长率。

---

[1]　本章表中 RICE-99 的预测来自基点情况。参看第 2 章第 5 节的解释。

表 3.6 RICE-99 与麦迪逊模型预测结果的比较 [人均 GDP 的年平均增长率 (%)]

麦迪逊的模型所涉国家和地区	RICE 模型所涉国家和地区	历史估算		预测		
		RICE 1970—1995 年	麦迪逊 1973—1975 年	RICE 1995—2015 年	麦迪逊 1995—2015 年	差别
美国	美国	1.58	1.55	1.36	1.30	0.06
日本	其他高收入国家和地区	2.60	2.53	1.32	1.30	0.02
西欧	经合组织欧洲会员国	2.01	1.72	1.32	1.30	0.02
其他欧洲国家和地区	俄罗斯及东欧	1.14	0.48	2.63	2.68	-0.05
其他美洲国家和地区	中等收入国家和地区	2.24	0.68	2.05	1.33	0.72
其他美洲国家和地区	中低收入国家和地区	1.31	0.68	2.54	1.33	1.21
中国	中国	6.83	5.37	3.37	4.50	-1.13
印度和非洲*	低收入国家和地区	1.06	1.78	2.93	2.38	0.55
加权平均*		2.52	2.30	2.68	2.52	0.16

资料来源：麦迪逊（1998a、1998b 和 1995），以及 RICE-99 模型。基点情况。

* 根据 1995 年人口加权。

表 3.7　RICE-99 地区人均产量增长：历史增长率与预测

地 区	RICE-99计算						每年百分比（1990年美国价格）	
	人均产量增长率						实际	预测
	实际	预 测						
	1970—1995年	1995—2005年	2005—2015年	2015—2025年	2025—2045年	2045—2095年	1995年	2100年
美国	1.58	1.62	1.06	0.83	0.98	0.73	$22862	$53480
其他高收入国家和地区	2.60	1.56	1.05	0.83	0.97	0.75	22514	53013
经合组织欧洲会员国	2.01	1.60	1.05	0.81	0.98	0.72	18818	43822
俄罗斯及东欧国家和地区	1.14	3.04	2.25	1.90	2.10	1.65	2095	13443
中等收入国家和地区	2.24	2.37	1.74	1.46	1.63	1.31	5091	21918
中低收入国家和地区	1.31	2.91	2.14	1.80	2.00	1.52	2053	11729
中国	6.83	3.81	2.94	2.54	2.75	2.14	486	5442
低收入国家和地区	1.06	3.39	2.46	2.07	2.30	1.77	436	3265

说明：产量水平和增长率的估算用转接为1990年美元的市场交换率。如果采用购买力平价（PPP）汇率，计算出的产量水平低收入国家和地区相当高，而日本和欧洲则低得多。对大多数国家和地区，无法用PPP汇率的历史增长率。

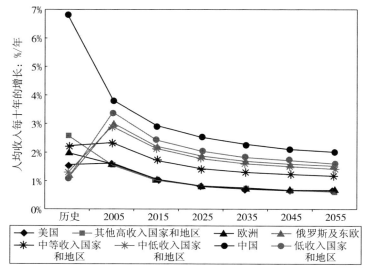

图 3.2 人均产量的增长

　　碳节约技术变化校准。脱碳速率（碳含量[1]减少的比率）的校准是根据调整决定能源服务与工业碳排放比率的参数，即方程式（2.5b）中的 $\varsigma_J(t)$ 做出的。我们假设，$\varsigma_J(t)$ 是以类似于人口和全要素生产率的方式以递减的增长率增长。预测脱碳是困难的，因为它取决于碳来源的趋势、能源部门技术进步，以及能源税的政策。这些一般根据脱碳的历史趋势预测，并对像俄罗斯及东欧这样的地区进行调整，以适应特殊的历史原因。图 3.3 说明脱碳速率的最新趋势与近期预测。预计近期脱碳趋势将持续下去，

---

[1] 碳含量是工业碳排放与 GDP 的比率。

与 1970—1995 年每年下降 1.07% 相比，1995—2005 年全球碳含量每年下降 1.03%。假设的脱碳速率趋势与假设的经济范围技术变化率在以后几十年中趋向于零。

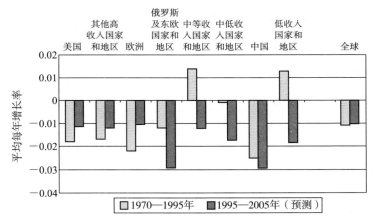

图 3.3　CO_2 排放 /GDP 比率增长率

　　这里提出的预测可以与纳克谢诺夫（Nakicenovic）、格鲁伯（Grubler）和麦克唐纳（1998）的系统调查对比。他们提供了一系列方案，但他们的方案 B 也许最接近本书表述的逻辑思路。这两种研究使用了在他们的基本结构中完全独立的方法。表 3.8 比较了两种研究的结果。 RICE-99 的产量增长和脱碳速率略慢，最终结果是，全球工业排放在 2025 年和 2055 年极为接近。IIASA 的研究对比较特别有用，因为有更为详细的能源部门情况，以及关注不同地区的发展方案。

表 3.8　RICE-99 参考情况与 IIASA 方案 B 的比较

	2025 年		2055 年	
	IIASA	RICE-99	IIASA	RICE-99
人口（百万）	8.3	7.6	10.4	9.1
世界产量（万亿美元，按 1990 年美元价格）	43.4	40.7	78.2	59.3
工业碳排放（GtC/ 年）	8.6	8.4	9.8	10.0
碳含量（吨 / 百万美元）	199	207	125	168

资料来源：IIASA：纳克谢诺夫等（1998，附录 C）。（从 2020 年和 2050 年的预测外推。）

讨　论

　　收集数据，并构建区域模型，是构建 RICE-99 最费力的一部分。其基本的经济愿景是，各国以一种有目的地积累资本，并提高未来生活水平的方式行事。储蓄率在低收入地区高（低收入地区总储蓄率占 GDP 的 25% 到 35%），而高收入地区的储蓄率在 20% 到 25% 之间，随着未来几十年中人口和经济增长下降，储蓄率会下降。

　　发展中地区的资本回报率高，这反映出这些地区资本稀缺。美国与经合组织欧洲会员国的资本净收益开始时的历史收益率为每年 5% 左右，之后随着增长减缓逐渐下降。发展中地区的收益率开始为每年 6%—7%，然后随着它们的经济增长与资本积累而下降。

　　人均产量遵循了一个乐观的方案，在这个方案中，基本不存在经济大灾难的四驾马车——战争、瘟疫、萧条与环境灾难。预计下个世纪高收入地区人均产量会按每年 1% 左右的速度继续增长。在下半个世纪中，发展中地区人均增长率在每年 2% 到 3% 之间，而此后逐渐放缓。表 3.7 显示了一些预测，但发展中地区并没有完全与富裕地区的生活水平融合。预计中等收入国家和地区到 2100 年会达到接近现在美国的人均收入水平。东欧和中低收入国家和地区会达到美国现在的人均收入水平的一半，而预期低收入国家和地区与中国到 2100 年人均收入水平为现今水平的 10 倍左右。

构成 RICE-99 基础的区域经济模型，是可用于长期预测和政策试验的最全面的全球经济模型之一。同时，许多因素，特别是对发展中国家经济与转型中国家经济的假设难以得到证明或估算，而且随着它们未来的发展，可能会受到大量并日益增加的预测失误的限制。鉴于社会、经济和制度变化迅速，提供一个准确的长期预测是不可能的。也许最好的解决办法，用哈佛大学著名的经济预测专家奥托·埃克斯坦（Otto Eckstein）的一句话说，就是如果我们不能充分预测，我们就应该经常预测。

碳供给

RICE-99 包括了对碳供给的修改处理。在初始的 DICE- RICE 模型中，化石燃料的供给被默认为是不可耗尽的。虽然这对 21 世纪来说是一个现实的方法，但长期情况下将会出现两个主要问题。第一，某种程度上化石燃料的供给是有限的。这就对潜在的总排放产生重大制约，从而在长期内导致全球变暖。特别是，威廉·克来恩[1]和其他人提出了一些令人恐惧的设想，他们预期长期变暖潜力为 10℃，在比较有限的煤供给的情况下，这肯定与标准碳循环与气候模型不一致。实际上，采用综合评估模型的主要优点之一，就是它们可以确保与不同的假设相一致，又与主流科学和经济发现相一致。

第二，从经济角度看，更为有趣的是有限的供给与定价之间的相互作用关系。在某种程度上，化石燃料的供给曲线是比较缺乏价格弹性的，随着供给耗尽，价格将急剧上升。这将导致以碳为基础的燃料稀缺性价格（霍特林租金）的上升。在某种程度上，不断增长的霍特林租金将会代替碳税，而且气候政策的目标就可以通过碳的稀缺而实现。换句话说，碳供给限制的存在，会引起某些碳税将转向供给者，而不是转向消费者的可能性。这是在供给缺乏价格弹性时，出现的向后弯曲的供给曲线。实际上，在碳能源的开采成本为零，完全无价格弹性的有限情况下，碳税就根本不存在经济影响，并将简单地从资源所有者向政府再分配租金。

由于能源供给与气候变化政策之间这种重要的相互作用，RICE-99 包括了简单的化石燃料供给关系。这一部分现在被描述为所有化石燃料相加成一个单一的碳能源集合。出于这些目的，一种有效的化石燃料可以被认为是煤，它既是最丰富的化石燃料，又是潜在排放碳的最主要部分（不考虑低级的页岩）。我们假设，

---

[1]　参看克莱因（1992a）。

碳能源在累积的碳能源使用中达到 6000GtC（相当于消耗接近 9 万亿吨煤炭）时，供给曲线将变成高度缺乏价格弹性的有限供给。在累积的碳能源使用量达到 3000GtC 之前，碳能源的边际成本比较平滑，但当累积的碳能源使用量达到 5000GtC 时，其边际成本就会增加 3 倍（至每吨 450 美元左右）。罗格纳（Rogner，1997）的研究得出了碳能源总量与成本函数的估算。

第一种关系简单地说明累积的碳能源消耗量：

$$CumC(t) = CumC(t-1) + 10E(t) \qquad (2.11)$$

这里 $CumC(t)$ 在第一期结束时按 GtC 的累积的碳能源消耗量，$E(t)$ 是现期的全球碳能源消耗量。

重要的新关系是碳能源成本函数。我们假设，存在有限的碳能源量，$CumC^*$ 超过了这一点，开采的边际成本就急剧上升。然后我们假设，边际成本曲线采用了以下形式：

$$q(t) = \xi_1 + \xi_2 \left[CumC(t)/CumC^* \right]^{\xi_3} \qquad (2.12)$$

这里 $q(t)$ 是按每吨 1990 年美元衡量的。根据罗格纳（1997）的文章，在 RICE-99 中，这个方程式的数字形式是：

$$q(t) = 113 + 700 \left[CumC(t)/6000 \right]^4 \qquad (3.5)$$

碳能源成本有两项。第一项（$\xi_1 = 113$）是与耗尽无关的边际成本。这一项代表今天碳能源现期开采的成本。第二项是上升的成本函数。在现在累积的开采水平 [$CumC$（1995）= 0] 时，第二项是零。它呈高度凸形，指数为 4，反映了在近期中碳燃料的成本函数是较为缺乏价格弹性的。

图 3.4 说明了函数的形式。当累积的开采到 $CumC^*$ 的一半时，碳能源的边际成本从每吨 113 美元上升到 157 美元。随着资源逼近极限，碳能源成本变得越来越高。

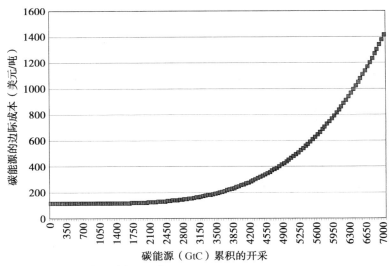

图 3.4　RICE-99 中的碳供给函数

在 RICE 的一些早期版本中，增加了其他限制条件。在 RICE-98 中，增加了防止碳能源价格上升到每吨 500 美元以上的支撑技术。此外，在早期版本中，还增加了防止经济过分迅速地从一种技术转向另一种的限制。这些包括了对碳能源减少的限制，和引进支撑技术的限制。在 RICE-99 中，所有这些限制都取消了，因为它们实际上对第一个世纪的结果几乎没有影响，并增加了相当大的计算上的复杂性。但那些对评估长期预测有兴趣的使用者应该注意，因为没有流量限制和支撑技术，不合理的结果和不现实的急剧转型在模型校准的范围之外会出现，并且随着碳能源的耗尽，在模型中肯定会出现。

碳循环和其他辐射强迫

DICE-RICE-99 模型一个重要的部分是经济部门与物理世界的综合。温室气体排放会影响碳循环以及大气中的其他微量气体，改变大气的辐射平衡，影响气候，然后反馈到影响人类社会和自然生态。开发像 DICE 或 RICE 模型这样的综合评估模型最大的困难之一，是找出经济活动和气候变化之间的微弱关系。经济学家习惯于依靠高度简化的经济关系表示（例如，经常用的柯布–道格拉斯生产函数），而且这种方法已经证明，在理解从经济周期到经济增长范围内的现象时，是有成效的。这一节说明用于碳循环和其他辐射强迫的模型。

采用高度简化的总量关系是由三个实际条件促成的。第一，如果基本结构是尽可能简单而且透明的，就可以更好地理解经济和气候的互相影响；由于复杂关系相互影响，复杂的系统就不容易理解，并会产生不稳定的行为。第二，由于对 DICE-RICE 模型中的大多数关系了解并不多，因此有必要进行广泛的敏感度分析，以确定模型的稳健性。模型越大，在进行全面敏感度与不确定性分析时越困难。最后，从计算的角度看，RICE-99 已经使可以在个人电脑上使用的软件包的计算能力变得紧张，而且这里确定的目标是，构建一个其他研究者容易使用的模型。在模型编制中，越小越实用。

包括更多的经济部门、更多的海洋层、更多的温室气体、更多的能源来源，将降低透明性，削弱进行敏感度分析的能力，并把模型置于当前计算可能性的范围之外。对那些认为他们的原则被违背了的人，我们邀请他们通过提供更为小巧的关键地球物理，或经济过程的表达式，来帮助改进我们的理解。

这一节讨论在 DICE-99 模型中处理不同温室气体和碳循环的修正。在温室气体科学和政策中的四个主要变化，也结合进了 RICE-99 和 DICE-99 中。

1. 在初始的 DICE 模型中，CO_2 与氯氟烃集合在一起创造了温室气体 CO_2 当量存量。从那时以来，在大多数高收入国家中大部分氯氟烃被消除了，因此，预测的来自氯氟烃的辐射强迫也随之大大低于 20 世纪 90 年代初的预测。因此，在 RICE-DICE-99 中唯一的内生温室气体就是 CO_2。

2. 初始的 DICE 模型用经验方法来估算碳流量，这取决于长期排放和浓度估算。许多评论者注意到，这种方法会低估长期大气中碳的残留，因为它假设碳能无限地沉入到深海中。因此，DICE-RICE-99 模型用一种结构方法取代了早期的处理，这种方法用三个储存地模型来对现在的碳循环模型进行校准。

3. 在过去 10 年间，气候学家得出结论，硫酸盐引起了相当大的辐射冷却。因此，DICE-RICE-99 模型通过硫酸盐冷却，与来自非 CO_2 温室气体的影响预测，修改了外生人为影响的处理。

4. 在过去 10 年中，来自非 CO_2 温室气体甲烷、N_2O 和对流层臭氧的辐射强迫预测得到了更新。RICE-99 的辐射强迫考虑到了这些更新。

下一子节将讨论 RICE-99 中碳循环的结构。随后的一子节讨论的是对新碳模型的校准，随后讨论来自其他温室气体的辐射强迫。

经修订的碳循环方法

在初始 DICE 模型中，碳循环是根据 CO_2 排放量、浓度和时间序列数据来估算的。一些评论家注意到，这种方法可能低估长期大气中碳的残留，因为它假设碳无限地沉入到深海中。虽然初始的方法对短期预测是合理的，但它对长期浓度提供了误导性的估算。舒尔茨（Schultz）和卡斯汀（Kasting）(S-K) [1] 的贡献强调了这一点。他们指出，初始 DICE 模型的长期预测，严重低估了大气中 CO_2 的存留。

在考虑替代方法时，我们希望有简洁的表示形式，有结构化的模型（在某种程度上反映坚实的科学或经济基础），并依赖于那些其主要发现坚实到不会被规范中的变化改变的模型。在碳循

---

[1]　参看：Schultz and Kasting（1997）。

环中，主要涉及的权衡取舍是，采用更详细的规定使模型复杂化，是否可以产生更可靠的结果。DICE 的初始试验，已被当前的分析所证实，它说明在基点情况下，使用更详细的规定，现在的政策并不会受多少影响。另一方面，如果分析师对长期预测有兴趣，或者如果可以采用低贴现率，初始的 DICE 规定就可能会产生误导。由于可供选择的规定是较为直接的，RICE-99 中已采用了它。

新的处理方法采用了一种结构方法，用一种三储存地模型来校准现有碳循环模型。基本思想是，在长期中，深海提供了巨大但有限的碳沉没。按新规定，它假设碳有三个储存地——大气，上层海洋和短期陆地生物圈的迅速混合储存地，以及深海。假设这三个储存地的每一个在短期中都是混合的，而上层储存地与深海之间的混合是极其缓慢的。

我们假设，CO_2 的积累与传送可以由一个线性的三储存地模型代表。（这个模型只适用于 CO_2，因为其他温室气体被认为是外生的。）令：$M_i(t)$ 为 t 时期储存地 i 中碳的总量（GtC），ϕ_{ij} 为每单位时间从储存地 i 到储存地 j 的传送率。

储存地是 AT = 大气，UP = 所有迅速混合的储存地（浅层海洋向下到 100 米和陆地生物圈相关的部分），以及，LO = 深海。

这里关于这些动态的假设是：第一，1750 年碳循环处于均衡状态；第二，所有排放都进入大气；第三，在大气和深海之间没有流动。

这个系统的动态如下：

$$M_{AT}(t) = 10 \times ET(t-1) + \phi_{11}M_{AT}(t-1) + \phi_{21}M_{UP}(t-1) \qquad (3.6)$$

$$M_{UP}(t) = \phi_{22}M_{UP}(t-1) + \phi_{12}M_{AT}(t-1) + \phi_{32}M_{LO}(t-1) \qquad (3.7)$$

$$M_{LO}(t) = \phi_{33}M_{LO}(t-1) + \phi_{23}M_{UP}(t-1) \qquad (3.8)$$

碳循环有内在的滞后，其中 t+1 时期碳存量反映了 t 时期的排放。因此，可以解释为碳存量是在周期开始时测量的。温度也有一个时期滞后。

校　准

这个子节说明了在方程式（3.6）到式（3.8）中模型的校准。在初始 DICE 模型中，短期系数是根据时间序列数据估算的，而长期系数是从深海调整时间估算中推导出来的。

舒尔茨和卡斯汀的研究（1997）表明，初始 DICE 模型中的方法严重低估了长期的大气的碳浓度。因此 RICE-99 用以上展开的三储存地方法修改了初始模型，并采用中性生物圈（中性生物圈是改变 CO_2 在大气中的浓度，并不改变生物圈中碳量的模型），根据伯恩（Bern）碳循环模型校准它。[1]

更准确的估算推导如下。我们假设，在前工业化社会储存地处于均衡状态。[2] 为了校准，我们采用伯恩模型对 20 年、40 年、60 年、80 年和 100 年的脉冲响应函数进行估算。由于响应的非线性，我们对模型进行了两倍于前工业社会水平的浓度校准。然后

---

[1]　参看 IPCC（1996a），第 86 页。

[2]　前工业化社会，我们指的是 1750 年以前。

我们选择参数 ϕ_{12} 和 ϕ_{23}，以及上层有效初始量，以使 RICE-99 脉冲响应函数与伯恩模型的平方差最小。RICE 参数化的函数极其适合于 100 年的使用期限。RICE 规范中平均绝对误差是伯恩模型值的 0.5%。

然后该模型按如下方法结合了一个活跃的生物圈。根据 IPCC（1996a）的研究，1985 年地球生物圈中的碳量是 2190 GtC，其中 610 GtC 是植被的碳量。我们假设，只有植被对升高的大气中的碳有反应，而且植被中生物量对大气中碳浓度的弹性是 0.5（这是所谓的 β 因子）。我们假设，生物圈从长远来看是中性的，因此可以调整不同储存地的量以确保这个限制条件。最后，我们假设，一半的海洋是很少混合的，以至于它们不能进行碳吸收。在所有调整之后，大气中、上层储存地，以及低层储存地前工业社会的有效量被校准为 583、705 和 19200 GtC。

从大气到上层储存地，每 10 年的传送率是 0.333，而从上层储存地到下层储存地，每 10 年的传送率是 0.115。这些数字意味着，海洋上层相对较小，而从上层到下层的转换较快。碳循环研究发现，在上层储存地和下层储存地之间碳的交换有 800 年的调整时间，但这通常是用大得多的海洋上层空间估算的。[1]

图 3.5 说明了对碳脉冲投入的响应函数。可以看到，有中性生

---

[1]　这种研究采用物理学中用的"电子折叠时间"意义上的"调整时间"。这个概率来源于经历指数衰退的过程的动态。假设过程根据 dx（t）/dt = −δx（t）演变。在开始时处于 x（0）= 0 的均衡，就是说，在 t = 0 时有 ϵ 到 x 的冲击，因此 x（t）= ϵ exp（−δt）。当 T = 1/δ 时，x 下降到 x（T）= ϵ/e。这里"电子折叠时间"是指数过程在冲击后衰退到它的均衡性 1/e = 0.37 时需要的时间。

物圈的 RICE-99 模型，极为密切地与伯恩模型一致（见图 3.5 顶端的线与方形）。底部的实心圈表示有活跃生物圈的 RICE-99 模型，而菱形表示 DICE-94 模型。图 3.5 说明了初始 DICE 模型如何倾向于低估长期中的大气浓度。但在碳循环中，主要的不确定性可能是，生物圈将在多大程度上占据累积排放量的很大一部分。

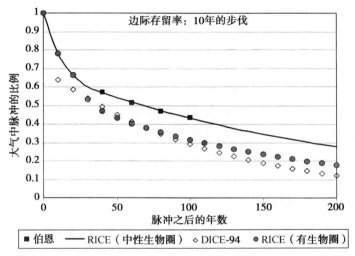

图 3.5　不同模型的脉冲反应函数

说明：实线是 RICE-99 模型假设中性生物圈（碳浓度变化对生物圈中的碳量没有影响）的预期。这与用方形表示的中性生物圈伯恩模型的模拟接近。底部的两条线表示存在活跃生物圈的 RICE-99 和 DICE-94 模型。

　　图 3.6 用 IPCC（IS92a）排放轨迹，比较了伯恩模型与 RICE-99 模型对 1990—2100 年间 CO_2 浓度的预测。RICE 会过高预测 21 世纪的浓度，部分是因为采用了较简单的结构，部分是因为要根据高 CO_2 浓度校准，这就意味着，在短期内应有更多的 CO_2

大气存留。

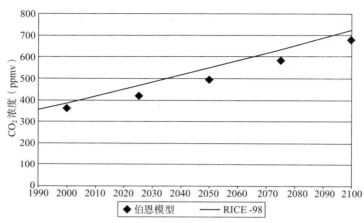

图 3.6　RICE-99CO_2 浓度预测与伯恩模型排放预测比较

说明：实线是用 IPCC（IS92a）排放预测的 CO_2 浓度。菱形是采用伯恩模型预测的。排放与伯恩模拟都来自 IPCC（1996a），第 23 页。

其他温室气体排放

RICE-99 认为温室效应主要来自二氧化碳。尽管存在很大的不确定性，但目前预计 2100 年非 CO_2 温室气体和气溶胶的总净辐射强迫将比 CO_2 小一个数量级。此外，目前对于能够影响除氯氟烃以外的气体的可行政策工具还知之甚少。由于它们较不重要且缺乏应对它们的明显政策，在 RICE-99 中，假设其他温室气体和气溶胶是外生的。表 3.9 列出了关于非 CO_2 温室气体辐射强迫的假设。

表 1.2 中已列出了 RICE 碳循环变化的影响，以及 2100 年其他温室气体和气溶胶辐射强迫的预测。碳循环的变化对小到一个

表 3.9　IPCC-90，MAGICC/IPCC-99，以及 RICE-99 中非 CO_2 温室气体的辐射强迫

A. 估算的强迫（瓦 / 平方米）

年份	（1）IPCC-90	（2）MAGICC/IPCC-99	（3）RICE-99
1990	0.95		
2000		− 0.07	−0.06
2010			0.07
2020			0.21
2030			0.34
2040			0.48
2050	1.85	0.69	0.61
2060			0.75
2070			0.88
2080			1.02
2090			1.15
2100	2.12	1.14	1.15

B. 辐射强迫的组成部分，MAGICC/IPCC-99，（瓦 / 平方米）

	2000	2050	2100
CO_2	1.85	3.55	5.01
CH_4	0.48	0.86	1.07
对流层臭氧	0.41	0.49	0.55
卤烃和平流层臭氧	0.16	0.24	0.34
N_2O	0.17	0.23	0.24
气溶胶（直接与间接）	−1.29	−1.13	−1.06
总量	1.78	4.24	6.15
总量，非 CO_2	−0.07	0.69	1.14

资料来源：A 部分（1）栏来自 IPCC（1990），第 54 和第 57 页。A 部分（2）栏和 B 部分是 MAGICC 模型的结果（Wigley, Solomon, Raper, 1994）；采用了 IPCC 的排放量。
方案 B2 是截至 1999 年 1 月 11 日 IIASA 的 MESSAGE 模型的实施。
B 部分和 A 部分（2）栏来自同一个来源。

世纪的时间框架来说没有什么差别，但非 CO_2 温室气体的减排，比基线碳排放的大幅度减少有更大的影响。

气候模块

气候模型编制者开发了各种各样的方法来估算上升的温室气体对气候变量的影响。他们通常认为最令人满意的是大型通用循环模型（GCM）。这些模型仅仅需要几百小时的超级计算机时间即可执行仿真，而将它们包括在这里描述的那种最优化模型中是不可行的。

为了开发综合气候和经济模型，有必要建立一个相对较小的模型，将温室气体浓度和主要气候变量联系起来。RICE-99 仅包括温室气体对全球平均温度的影响。虽然这种分析主要集中在全球平均表面温度上，但人们认识到，这个变量对经济活动的影响，并不是最重要的。像降雨量或水流量等变量，以及极端干旱、洪水和冰冻这些变量，对经济活动的影响比单独的平均温度更为重要。选择平均温度是因为它是会与大多数其他变化相关的气候变化的一个有用的**指数**。用统计学的语言说，温度可能是对人类和自然界有重要影响的其他变量的充分统计数据。这一点可以在 GCM 的概述中看出来，CO_2 倍增对平均温度估值的影响与对降雨量的影响高度相关。

RICE-99 采用了和初始 DICE 模型同样的方法，就是采用了一个简化小模型来代表气候基本动态，然后使用更大的模型去校正小模型的主要参数。应该强调的是，这种表述是高度简化的，而且仅用于描述气候变化的广泛特点。

气候模型的说明极为简略，因为此处所采用的规定与初始DICE模型中采用的规定相同。气候学或GCM模型没有出现引起模型的规定或参数修改的变化。

这里采用的方法与施奈德（Schneider）和汤普森（Thompson，1981）开发的模型非常相似。用多层次系统代表气候系统，包括大气、上层海洋和下层海洋。这个系统有由于太阳辐射而变暖的大气，而且处于短期辐射均衡状态。温室气体的积累使大气变暖，然后与上层海洋混合并变暖，这又使深海变热。大气与上层海洋迅速交换能量，上层海洋由于其热容性而在系统上产生一定量的热惯性。海洋上层也与代表深海的下层交换水，而且热传速率与水交换速率成正比。这个模型是一个矩阵平流模型，包括在经济模型中的这个模型，比混合矩阵平流，和今天在中等规模与大规模模型中广泛运用的向上扩散方法，更简单一些。在两方程模型中，两种状态变量是全球平均表面温度与深海温度。

在第2章中给出的模型方程式是：

$$T(t) = T(t-1) + \sigma_1 \{ F(t) - \lambda T(t-1) - \sigma_2 [T(t-1)$$
$$- T_{LO}(t-1)] \} \qquad (2.15a)$$

$$T_{LO}(t) = T_{LO}(t-1) + \sigma_3 [T(t-1) - T_{LO}(t-1)] \qquad (2.15b)$$

在这个模型中，$1/\sigma_1$ 代表大气层和上层海洋的热容量，$1/\sigma_3$ 是从浅海到深海的传导速率，σ_2 是深海热容量与从浅海到深海的传送率的比例。在所有模型中，λ，也被称为反馈参数，是一个关键的参数。这个参数是表示 CO_2 加倍对气候均衡影响的一种方法。通过使用恒定的温度来解出（2.12）的方程式，很容易看出，辐射强迫长期变化的均衡影响是 $\Delta T/\Delta F = 1/\lambda$。我们用参数 T_{2xCO_2} 来表示 CO_2 浓度加倍对全球平均表面温度的均衡影响。因此，从方程式（2.12）中，我们得到 $T_{2xCO_2} = \Delta F_{2xCO_2}/\lambda$，这里 ΔF_{2xCO_2} 是 CO_2 倍增引起的辐射强迫的变化。T_{2xCO_2} 的推导有许多来源。

为了校准，我们考察了三种不同的模型。第一种是 1981 年的施耐德-汤普森（ST）方法。这种方法开发了一个与方程式（2.12）相同的两方程式模型；它的缺点是相对于大型模型高度简化。为了利用 ST 方法，我们构建了明确使用初始研究中开发的参数的模型。第二，经考察已建立的最完整的模型是由斯托夫（Stouffer）、真锅（Manabe）和布赖恩（Bryan）1989 年开发的一个大气-海洋耦合模型。这个模型是对大气和海洋的高度分解，它提供了缓慢上升的 CO_2 浓度影响的瞬态计算。第三个模型基本根据这里所用的方法，是由施莱辛格（Schlesinger）和江（Jiang）在1990 年开发的大气和六层海洋耦合模型的小模型中的俄勒冈州立大学模型的参数化表现形式。这个模型采用大型模型来确定较小模型的参数，然后采用较小模型来计算长时期内的瞬态值。

三个模型都给出了相似的轨迹。最初的 DICE 和 RICE 模型使用了 SJ 模型校准，因为它看起来最接近美国国家科学院和 IPCC

专家们采用的模型。这个模型有一个 CO_2 加倍时 $T_{2xCO_2} = 4.1/\lambda = 2.91℃$ 的均衡变暖，温度的电子折叠时间是 30 年。完整的讨论见诺德豪斯（1994b）的研究。虽然气候模型编制的发展尚未修改温室气体增加对均衡气候变化影响的估算，但最近的评估已注意到，气候模型倾向于高估过去两个世纪中全球变暖的程度。例如，在 RICE-99 模型中，用大气中实际 CO_2 浓度得出，20 世纪 90 年代全球平均温度的上升值，几乎是 20 世纪前半期所观察到的平均温度上升值的两倍。鉴于气候模型的过度预测，在政策评估中，T_{2xCO_2} 往往取 2.5℃。这里选择一个以模型为基础的估算，是因为在到目前为止对

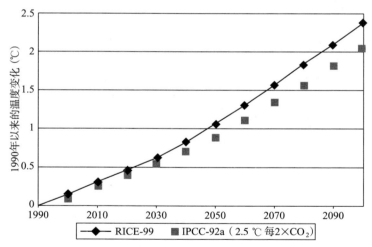

图 3.7　用 IPCC-96 与 RICE-99 温度模拟比较

说明：两种计算都根据 IPCC IS92a（IPCC 1996a，第 321 页），采用了有气溶胶与排放的辐射强迫计算。

IPCC 计算对均衡的 CO_2 加倍，均衡温度升高 2.5℃，而 RICE 模型对均衡的 CO_2 加倍，均衡温度升高 2.9℃。

气候变暖的过分预测中，可能涉及许多混杂的因素。

图 3.7 比较了 RICE-99 与在 IPCC（1996a）中 IPCC 的预测。每个预测都使用了根据 IS92a 方案计算的辐射强迫，并根据 IPCC（1996a）中其他非 CO_2 强迫进行了更新。RICE-99 模型高于 IPCC，主要因为正如以上讨论的，RICE 使用的温度—CO_2 敏感度为 2.9℃，而 IPCC 运算的温度—CO_2 敏感度为 2.5℃。

第 4 章 |
气候变化的影响

早期影响研究

权衡减缓全球变暖的成本与收益才是明智的政策。令人啼笑皆非的是，20 世纪 90 年代的政策，例如 1997 年的《京都议定书》，并没有引入任何把排放控制与减少排放的收益联系起来的意图，在某种程度上反而是把政策与从政策中获得的利益分开了，因为许多环境保护拥护者对成本—收益分析持怀疑态度。许多经济学家因缺乏对这种影响的明确且令人信服的估计，以及全球变暖可能引发不可预期的、潜在灾难性影响的前景而感到担忧。

本章提供有关全球变暖经济影响的一组新估算。虽然这方面的文献繁多，但在诸部门和国家的报告中，还有许多缺口，而且许多重要的影响还没有得到令人满意的量化及货币化。尽管估计不确切，但在关于气候变化的争论中，必须考虑影响。

从诺德豪斯（1990a，1991a）的研究开始，气候变化的影响评估已经安排在增加了反映非市场活动信息的国民收入核算框架中。这些第一代美国影响研究总结在 IPCC 的调查报告中，并在表 4.1 中予以说明。大多估算结果显示，在变暖 2.5℃到 3℃的情况下，美国（以目前的经济结构）最终货币化损失占 GDP 的 1% 到 1.5% 之间。其他调查报告提供了对其他地区及世界的影响［特别参看 IPCC（1996c）的概述］。

第一代研究有四点值得注意。第一，对估算的共识在某种程度上靠不住。研究增加了完全类似的量，但细节分歧相当大。第二，许多最早期估算（特别是对农业、海平面上升和能源的估算）对经济影响极其悲观，而最近包括适应气候变化在内的研究并未描绘出如此悲观的前景。[1]第三，对美国之外地区的研究极为稀少，例如，中国、印度或非洲；这尤其令人不安，因为气候变化的影响可能在这些地区也比较大。最后，而且最重要的是，许多最迫切的对全球变暖的关注，特别是对灾难性风险的关注，还没有得到充分研究。

在评论现在的研究时，要清楚的是，大部分结论是推测的结果，而且对气候变化影响做出可靠的估算是困难的。在所有部门中，只有估计农业变化和海平面变化对气候变化在特定区域的影响方面取得了显著进展。在一些领域，如生态系统和人类健康，估算困难是特别难以克服的，因为基本物理与生物影响，以及适

---

[1] 特别参看达尔文等 1995 年对农业的研究，罗森塔尔等 1994 年对能源的研究，以及约埃和施莱辛格（1998 年）对海平面的研究。1999 年门德尔松和诺伊曼对美国影响的最新研究，包括了近期研究最乐观的看法。

应的潜力，有极大不确定性。涉及生态系统，评价更是极其困难，而目前尚没有建立评价灾难性风险的既定方法。

表 4.1　据 1996 年 IPCC 报告估算的气候变化对美国的影响（1990年币值的十亿美元）

	克莱因（2.5℃）	范克豪泽（2.5℃）	诺德豪斯（3℃）	泰特斯（4℃）	托尔（2.5℃）
农　业	17.5	3.4	1.1	1.2	10.0
林业损失	3.3	0.7	（a）	43.6	（a）
物种损失	4.0	1.4	（a）	（a）	5.0
海平面上升	7.0	9.0	12.2	5.7	8.5
电力	11.2	7.9	1.1	5.6	（a）
非电力加热	−1.3	（a）	（a）	（a）	（a）
移动式空调	（a）	（a）	（a）	2.5	（a）
人的舒适	（a）	（a）		（a）	12.0
人的死亡与疾病	5.8	11.4		9.4	37.4
迁移	0.5	0.6	GDP 的 0.75%	（a）	1.0
台风	0.8	0.2		（a）	0.3
休闲活动	1.7	（a）		（a）	（a）
水供给					
可获得性	7.0	15.6		11.4	（a）
污染	（a）	（a）		32.6	（a）
城市基础设施	0.1	（a）		（a）	（a）
空气污染	3.5	7.3		27.2	（a）
总计					
10 亿美元	61.1	69.5	55.5	139.2	74.2
占 GDP 百分比	1.1	1.3	1	2.5	1.5

资料来源：IPCC（1996c）。

说明：（a）指的是这些项没有被评估或没有数量化或数据被认为太小。

现在的方法

现在的研究遵循了第一代根据部门分析研究的方法，与许多早期研究有三点主要不同：第一，这种方法着重于所有地区，而不是只关注美国。这种集中显然需要，既因为全球变暖是全球的问题，又因为普遍看法认为，其对较贫穷国家的影响可能大得多。第二，这种研究更多地集中在气候变化的非市场方面，因为第一代研究发现，气候变化对农业之外市场部门的影响可能是相对有限的。

与早期研究的最后一点差别是，现在的方法依靠估算支付意愿（WTP）方法来估计预防未来气候变化的价值。之所以采用这种方法，是因为作者认为在近期不可能获得全面的地区影响估算。而且，学者们倾向于认为，人们担忧未来气候变化的主要原因是**风险**。WTP 方法估计了不同社会愿意为防止气候变化，及其相关影响所支付的"保险费"。WTP 方法的优点是，它可以包括衡量影响的不同方法，包括调查和统计影响衡量。

本章介绍 RICE-99 中 8 个地区 13 个子区域的结果。这些子区域最初是在 RICE-98 中所用的更为细分的 RICE 版本中选择的。所有 13 个子区域估算的讨论，对那些喜欢更分解估算的研究者特别有用。表 4.2 说明了把 RICE-99 地区分解为子区域的影响分析。表 4.3 说明了 13 个子区域目前的每年平均温度。对这些，我们都提供了地区加权和人口加权的估算。这两个概念之间的差别对像美国、加拿大和俄罗斯这样的国家来说，尤为显著。

在评估影响时，潜在关注的领域分为 7 个范畴：

1. 农业；

2. 海平面上升；

3. 其他市场部门；

4. 健康；

5. 非市场舒适性影响；

表 4.2　影响分析的地区

RICE-99 模型中的 8 个地区	13 个影响评估的子区域	说　　明
美国	美国	美国
其他高收入国家和地区	日本	日本
	其他高收入国家和地区	RICE-99 中除去日本的其他高收入国家和地区
经合组织欧洲会员国	经合组织欧洲会员国	经合组织欧洲会员国
俄罗斯及东欧国家和地区	东欧国家和地区	RICE-99 中除了俄罗斯的东欧国家和地区
	俄罗斯	俄罗斯
中等收入国家和地区	中等收入国家和地区	RICE-99 中除了高收入 OPEC 国家的中等收入国家和地区
	高收入 OPEC 成员国	人均收入超过 6000 美元的 OPEC 成员国和地区
中低收入国家和地区	中低收入国家和地区	RICE-99 中低收入国家和地区
中国	中国	中国
低收入国家和地区	印度	印度
	非洲	撒哈拉沙漠以南非洲国家
	低收入国家和地区	RICE-99 中除了印度和非洲的低收入国家和地区

表 4.3　子区域每年平均温度（℃）

子区域	地区加权	人口加权
俄罗斯	− 5.0	3.1
东欧国家和地区	7.9	8.9
经合组织欧洲会员国	9.1	10.5
其他高收入国家和地区	6.6	12.5
日本	8.9	12.6
美国	7.8	13.4
中国	4.6	13.8
中低收入国家和地区	19.2	19.0
中等收入国家和地区	21.7	21.3
低收入国家和地区	21.2	22.6
高收入 OPEC 国家	23.2	24.0
非洲	24.3	24.0
印度	22.4	25.7

资料来源：作者编写。两列的平均值都是 1 度乘以 1 度。

6. 人类居住与生态系统；

7. 灾难。

估算影响的方法如下。令 $\theta_{ij}(T, y_j)$ 代表全球温度增加 T 对 i 地区 j 子区域人均收入 y_j 的影响。这是子区域 j 为避免温度增加 T ℃对 i 地区造成的后果，愿意支付的子区域 j 的每年产出的比例。它是子区域人均产出 y_j 的一个函数。为了确定未来某一年变暖的影响，我们假设未来影响指数采取以下形式：

$$\theta_{ij}(T, y_j) = Q_{ij}(T) \times [y_j(t)/y_j(1995)]^{\eta_i} \qquad (4.1)$$

　　在这个公式中，影响与温度乘收入调整的函数相关。调整后的数值是未来一年的人均 GDP 与目前人均 GDP $[y_j(t)/y_j(1995)]$ 的 η_i 次方，这里 η_i 是影响指数的收入弹性。

　　这里，美国的农业可以作为一个例子。我们估算 $\theta_{agriculture,\ US}$ $[2.5,\ y_{US}(1995)]$ 是 0.065%，这意味着，2.5 ℃ 全球变暖对农业负面影响的绝对美元值估算，约为 40 亿美元。基于人均产出增加时农业在产出中下降的份额，影响指数的收入弹性估算为 –0.1。根据这种假设，如果美国人均 GDP 翻一番，影响指数将从 GDP 的 0.065% 下降到 GDP 的 0.061%。

　　构建每个范围和子区域影响指数 $\theta_{ij}(T,\ y_i)$ 的第一步是，用可以得到的信息估算 $Q_{ij}(2.5)$。根据 RICE-99 的基点运算，在 2100 年左右将出现 2.5℃ 的温度上升。下一步是估算 η 的值。这两个步骤都在第 3 节中进行。在第 4 节，我们创建了一些函数，这些函数允许我们在其他温度下评估 $\theta_{ij}(T,\ y_j)$。第 5 节解释如何用影响指数来校准 RICE-99 [参看方程式（2.16）到（2.17）] 的危害函数。

个别部门的讨论

农　业

　　基础数据最好、研究最广泛的部门是农业。基准 2.5℃ 变暖的影响估计范围，包括 CO_2 的施肥效应，从轻微正影响到严重的负影响。对该部门的早期研究集中在"生产函数方法"上，但往往会发现有严重的负面影响，而近期的研究方法结合了广泛的适应性，或使用以经济为导向的"李嘉图"方法，损害程度较低。IPCC报告（IPCC，1996c，第203页）对美国的估算发现，美国的影响范围为11亿美元到175亿美元。对其他国家，范克豪译（1995）估算了2.5℃变暖对农业的福利损失范围，约为美国GDP的0.16%到中国GDP的2.1%之间（参看IPCC 1996c，第204页）。席梅尔普芬尼希（Schimmelpfennig，1996）有效地总结了近期的研究。

在这里，我们把达尔文（Darwin）等人准备的由于均衡的CO_2加倍引起的1995年农业收入损失份额，与GDP中农业产量所占份额估算结合在一起，来构建农业影响指数。达尔文等人的研究是最详细的研究之一，包括了多个地区，并结合了详细的农业学数据以及土地使用与经济影响的均衡模型，它提出了一个在4个大气环流系统（GCMs）（有全球温度从2.8℃到5.2℃范围内的影响）中将均衡CO_2加倍的结果。它不包括投机性的CO_2施肥效应，因而很可能会高估损害赔偿或低估收益。使用第二种最不利的大气环流系统（GCM）的结果，其目的是在WTP估算中包括某些损失规避。

达尔文等人的研究并未使用与本文所列之估算相同的区域细分。本文的估算适用于美国、日本、欧洲和中国，但对其他子区域的估算必须进行调整。对于印度和中等收入子区域的分析，我们采用了最近研究中使用的李嘉图技术。[1] 目前并没有对OPEC、中低收入、低收入或非洲国家和地区适用的详细经济研究，我们用了达尔文等人对这些子区域"世界其他国家"的结果，类似的数字也可以

---

[1]   参看表4.4中的内容。

在对低收入国家和地区的农业研究中找到，但这里有较大的不确定性。

这里的假设是，在这一节中弹性项是 -0.1。这就意味着，人均产量加倍将减少农业部门的份额，从而影响减少 7% 左右。表 4.4 中说明了对农业的全部估算。

海平面上升

对于海平面上升所造成的影响，沿海区域是最易接近及记录的区域之一。海平面上升的估算值是由全球变暖决定的，几乎没有区域成分，因此这里并没出现气候模型中缺乏的区域准确性。IPCC 报告（IPCC 1996c，第 203 页）显示，美国的海平面上升年化成本在 57 亿至 122 亿美元之间，占 GDP 的 0.1%—0.2%。最近对美国已开发的不动产的研究表明，未来一个世纪，海平面上升的影响相对较小。表 4.1 所示的第一代研究似乎高估了该影响，因为它们是基于比当前预测值大得多的海平面上升预测值得出的。

第二代研究发现对美国海平面上升的估计相对保守。约埃和施莱辛格 1998 年的研究发现，在美国的基点情况下，有远见的预期价值为 9.5 亿美元，而在没有远见的 90% 案例中价值为 37.2 亿美元，以此得出了海平面上升对美国影响的估计现值。[1] 按每年 3% 年金系数计算，得出成本为收入的 0.0005%—0.0019%。用约埃和施莱辛格 1998 年的研究图 7 中的数据的瞬时成本除以我们估计的 2100 年国内生产总值的估算值，得到的结果实际上是相同的。

---

[1]　参看 Yohe and Schlesinger（1998），表 4。

表 4.4 CO_2 加倍对农业造成的损失估计（收益是负的，损失是正的）

	10 亿美元（按 1990 年的美元）	占 GDP 的百分比（%）
美　国（a）	3.90	0.07
中　国（a，b）	−3.00	−0.51
日　本（a）	−17.20	−0.55
经合组织欧洲会员国（a）	42.10	0.58
俄罗斯（c）	−2.88	−0.87
印　度（d）	5.11	1.54
其他高收入国家和地区（a，e）	−10.40	1.14
高收入 OPEC 国家（f）	0.00	0.00
东欧国家和地区（g）	2.26	0.58
中等收入国家和地区（h）	19.51	1.43
中低收入国家和地区（i）	0.65	0.06
非　洲（i）	0.10	0.06
低收入国家和地区（i）	0.30	0.06

说明：（a）达尔文等（1995），表 B6。用对土地使用没有限制的第二种最不
　　　　利结果。
　　　（b）达尔文等人研究的"其他东亚国家"。
　　　（c）用加拿大的估算值，但与席梅尔普芬尼希（1996b，第 31 页）引
　　　　　 用的凯恩等人的发现类似。根据农业生产为 911 亿美元估算的
　　　　　 加拿大的影响为收益 113 亿美元。俄罗斯 GDP 中农业的份额为
　　　　　 7%，因此其影响为 −（11.3/91.1）（0.07）（GDP）。
　　　（d）用迪纳尔等（1998）的李嘉图估算。用方案Ⅲ并共享表 5.5 中的
　　　　　 部分。
　　　（e）取自达尔文等人和作者的假设的加拿大、澳大利亚和新西兰
　　　　　 数据。
　　　（f）作者的假设。
　　　（g）假设其占 GDP 的百分比与经合组织欧洲会员国相同。
　　　（h）使用桑吉等人（1997）对巴西的估算。假设损失农业产量的 13%。
　　　（i）没有得到详细的估算。用达尔文等人对"世界其他国家"的估算。

这些估算不包括三个因素：风暴、未开发的土地及重新定居成本。目前对这些因素的估算都是微乎其微的。风暴成分最容易理解。在 1987—1995 年期间，美国主要热带风暴造成的重大危害平均占 GDP 的 0.083%。[1] 如果风暴的危害加倍，就是值得注意的影响。对未开发土地的影响可能小于对已开发土地的影响，因为前者土地价值低，且脆弱性结构最少，自然适应性更容易产生。定居成本包括在"人类居住与生态系统"之中。

权衡所有这些因素时，我们假设收入的 0.1% 是对美国沿海部门防止 2.5℃变暖的合理 WTP 估算。其中风暴占主要组成部分，并假设对已开发和未开发土地设定了成本上限。

对美国之外海平面上升的影响研究惊人地少。因此，我们用一个考虑到不同子区域的沿海活动指数来进行调整。我们从沿海的脆弱性指数开始，它是将沿海区域面积占陆地总面积的比例除以美国相同比例的面积得出的。沿海区域被定义指海岸线 10 公里内的子区域。每个子区域的 $Q_{coastal,\,j}$（2.5）等于美国的脆弱性乘以子区域沿海脆弱指数。它假设，这个值的收入弹性为 0.2，以反映随着人均收入的增加而上升的城市化率与土地价值。表 4.5 中展示了这些估算值。

其他弱势市场部门

其他市场部门被发现相对不受当前气候差异的影响，因此推

---

[1] 《统计摘要》(1997)，第 240 页。

算其相对不受气候变化的影响。(略去其他部门的间接影响。)少数部门在一定程度上容易受到气候变化的影响，如林业、能源系统、供水系统、建筑业、渔业与室外休闲业。表 4.6 显示了 1994年按脆弱性部门分解的美国经济细目。这说明，脆弱的部门占经济的 6% 左右：其中 1.7% 为农业和相关产业，0.9% 与沿海相关，剩下的 3.3% 分布在其他部门。但超过 90% 的经济并不受气候变化的重大影响。

表 4.5　沿海脆弱性

	沿海指数（a）	沿海影响（占 GDP 的百分比，1990 年）
美　国	1.00	0.10
中　国	0.71	0.07
日　本	4.69	0.47
西　欧	5.16	0.52
俄罗斯	0.94	0.09
印　度	1.00	0.10
其他高收入国家和地区	1.41	0.14
高收入 OPEC 国家	0.52	0.05
东欧国家和地区	0.14	0.01
中等收入国家和地区	0.41	0.04
中低收入国家和地区	0.94	0.09
非　洲	0.23	0.02
低收入国家和地区	0.94	0.09

说明：（a）一个国家沿海地区土地比例与美国该比例的比率。沿海区域是指距海岸线 10 公里以内的地域。

表 4.6　经济对气候变化的脆弱性（1994 年美国经济）

部　门	国内生产总值（10 亿美元）	总量的百分比	
国内生产总值	69314	100.0	100.0
主要潜在影响			1.7
农　业	82.4	1.2	
农业服务、林业、渔业	35.7	0.5	
温和的潜在影响			4.2
水　运	10.6	0.2	
不动产：沿海财产（a）	60.5	0.9	
宾馆及其他旅舍	56.1	0.8	
室外娱乐（b）	81.2	1.2	
能源（c）	82.3	1.2	
轻微的影响			94.1
矿　业	90.1	1.3	
建筑业	269.2	3.9	
制造业	1197.1	17.3	
对运输、通信与公用事业微小的影响	513.5	7.4	
对金融、保险与不动产微小的影响	1213.2	17.5	
贸易、批发与零售	1071.8	15.5	
减去宾馆与旅舍的服务业	1205.4	17.4	
政府与统计误差	962.6	13.9	

来源：数据基于美国收入与产值核算，《当前经济概览》（1996 年 8 月）。

说明：主要潜在影响是指由全球变暖 2.5 ℃引起的产量的变化为 10% 以上。"适度潜在影响"是由全球变暖引起的产量的变化为 2% 到 10% 之间。"微小影响"是由 2.5 ℃全球变暖引起的产量的变化在 2% 以下。

（a）假设 10% 的不动产易受海平面上升和气候变化的影响。

（b）打猎、钓鱼、划船、打高尔夫和国家公园的支出，减去旅舍。

（c）对供热、制冷与水力发电的能源使用的估算。

　　早期研究在这些部门几乎没有一致的证据。对于美国，克莱因（1992a）发现，损失为 GDP 的 0.2% 左右，诺德豪斯（1991a）估算出的影响基本为零，而门德尔松和诺伊曼（1999）发现这些部门有少量的收益。而有研究的两个部门——林业和能源使用——显示，美国对基准 2.5 ℃变暖的损失接近于零。

　　由于目前研究没有发现影响，在温带气候下，这一部门的影响被定为零。对于寒冷气候，估计能源支出将下降 5%，以反映不断下降的供暖需求，而对于热带与亚热带次区域，能源支出估计在美国目前的水平下，制冷需求预计将增加 8% 的能源支出。考虑到制冷支出的高收入弹性，脆弱性整体收入弹性估计为 0.2。

健　康

　　对人类健康的潜在影响是全球变暖的主要关注点之一。研究表明，如果气候变暖的速度超过卫生保健的改善速度，热带疾病就有可能蔓延到亚热带或温带地区。疟疾、登革热和黄热病是热带病媒传播的主要疾病，其传播范围可能会扩大。[1] 影响可能通过空气与水污染和高温与更频繁的河流泛滥而发生。

　　目前还没有关于全球变暖对健康的影响的全面研究。现有的研究人员考察了与热浪相关的热应力，但这些与确定全球变暖的影响基本上无关，因为他们考察的是短期影响（即与基本气候的

---

[1]　IPCC（1996b），第 572 页。

背离），而不是趋势（即气候的变化）。当前研究中有一个反常现象，他们发现在美国，热浪对死亡率与发病率有不利影响，尽管美国的平均温度与热应激导致的死亡率之间的横向关联是负的，而不是正的。大多研究忽略了极端寒冷的影响（它是在减少的），而主要将关注点集中在极端高温上（它是在增加的）。

　　由于没有系统的对健康影响的估算，我们依赖于目前与气候相关的疾病的流行率的估计。对全球疾病发生率最全面研究，由默里和洛佩斯（1996）提供的寿命损失年（寿命损失年）和伤残调整寿命年（DALYs）估算。根据该研究的数据，我们可以把疾病分为与气候相关的疾病和与气候无关的疾病两种。前者包括疟疾及一系列热带疾病、登革热与污染。默里和洛佩斯把这一组子区域分为 8 个大致与 RICE 的分组相对应的区域。表 4.7 显示了由与气候相关的疾病引起的寿命损失年。在不同地区中，在已建立市场经济的国家中，与气候相关的寿命损失年相当小（占寿命损失年的 0.63%），但在撒哈拉沙漠以南的非洲地区，这一比例则相当大（占寿命损失年的 11.76%）。默里和洛佩斯还估算了 1990—2020 年间每一种疾病和地区的基线改善情况。

　　这里估算气候变化影响用了三种方法。方法 A 假设，1990—2020 年期间默里和洛佩斯估计的与气候相关疾病的寿命损失年减少量的一半，将由于 2.5℃ 变暖而消失。方法 B 对每个子区域的寿命损失年进行了判断性调整，以使与气候相关的不同子区域之间的差别接近。最后的方法 C 我们称为回归法，用根据默里

表 4.7　由气候相关的疾病引起的寿命损失年（YLL）

疾病	寿命损失年数（每 1000 人）								
	世界	EME	FSE	印度	中国	OAI	SSA	LAC	MEC
所有	906501	49674	35930	200059	117802	114592	226890	56240	105234
与气候相关的									
疟疾	28038	2	0	769	8	2277	24385	392	204
热带病病集群	3430	1	0	1124	17	6	1781	332	109
登革热	743	0	0	440	29	252	21	1	0
污染	5625	310	1320	1267	549	600	490	377	711
气候相关引起的 YLL	37836	313	1320	3600	603	3315	26677	1102	1024
与气候相关的百分比（%）	4.17	0.63	3.67	1.80	0.51	2.74	11.76	1.96	0.97
地区中值温度（℃）		12.1	7.0	25.7	13.8	11.1	25.0	20.1	18.9

资料来源：疾病数据由默里和洛佩斯（1996）提供。地区中值温度由作者提供人口加权平均以 1 度乘以 1 度。
说明：区域缩写：
　EME：成熟的市场经济地区
　FSE：前东欧的社会主义经济体
　OAI：其他亚洲地区与岛屿
　SSA：撒哈拉沙漠以南非洲
　LAC：拉丁美洲与加勒比地区
　MEC：中东伊斯兰地区
　"热带病集群"包括锥虫病、南美洲锥虫病、血吸虫病、利什曼病、淋巴丝虫病和盘尾丝虫病。

和洛佩斯提供的数据估算的平均地区温度气候相关寿命损失年的对数回归系数，计算出变暖对寿命损失年的影响。[1] 为了评估寿命损失年的值，我们假设，一个寿命损失年值相当于 2 年的人均收入。[2]

　　表 4.8 的结果表明，撒哈拉沙漠以南非洲地区的脆弱性相当大，而印度与其他低收入国家和地区的脆弱性略小一点。对高收入子区域的影响主要来自污染，而不是热带疾病。除了非洲，RICE-99 估算的健康影响用了三种方法的平均数。对非洲的估算也调低了，从 4.6% 调整到 3.0%，以反映回归方法对非洲影响高估的可能性，因为它假设，影响将与气候相关疾病目前的发生率成比例。而随着子区域公共健康的改善，与气候相关的疾病发病率会下降。在这些计算中，收入弹性假定为零。13 个子区域的影响由每个子区域指定的默里–洛佩斯地区决定，这些地区重叠最多。

非市场舒适性影响

　　非市场部门（除了健康）包括气候变暖危害的各种潜在来源。关于非市场部门的重要性，几乎没有实证，对美国来说亦如此。（人类）非市场活动的主要经济成分是时间的使用。全面的国民收入衡量估算出，非市场时间使用的总价值接近所有市场活动的总价值。[3] 因此，在考察气候变化的影响时，集中在气候的舒适性价值和非市场时间使用上，是有用的。其他关键的非市场部门，将

---

[1]　该方程式是健康影响除以 GDP 作为地区温度的一个函数。

[2]　参看托利等 1994 年关于寿命年评估的讨论。

[3]　参看诺德豪斯和托宾（1972）以及艾斯纳（1989）有关说明的计算。

在健康与人类居住和生态系统的章节中论述。

表 4.8　全球变暖对与气候相关的疾病的影响（由变暖 2.5 ℃引起的寿命损失年的价值占 GDP 的百分比）

估算技术	全球	EME	FSE	印度	中国	OAI	SSA	LAC	MEC
A	0.57	0.01	0.08	0.54	0.04	0.45	2.52	0.25	0.14
B	0.72	0.04	0.11	0.73	0.19	0.84	2.53	0.33	0.34
C	1.14	0.01	0.08	0.79	0.05	0.69	8.78	0.40	0.20
平均	0.81	0.02	0.09	0.69	0.09	0.66	4.61	0.33	0.23
变量系数	0.30	0.75	0.16	0.16	0.75	0.24	0.64	0.18	0.37

资料来源：参看正文。

说明：根据表 4.7 中的地区定义。

方法 A：假设 1990—2020 年间健康状况预期收益的一半由于 2.5 ℃的变暖而消失。

方法 B：调整气候相关健康影响，以反映不同地区健康相对于气候变化的脆弱性。

方法 C：估算温度对与气候相关疾病的对数影响。估算的影响是 2.5 ℃变暖时的影响。

注意：所有的技术都根据寿命损失的两年收入为代价来计算损失。

在 IPCC 报告（IPCC，1996c）中，休闲活动属于列入表中的重要潜在成本。此外，许多国家都估算了气候舒适性的价值。估算这些值的一种方法是考察非市场时间的气候敏感度。诺德豪斯从密歇根大学 1975 年和 1981 年对美国时间使用的调查中，列出了非市场时间的使用情况，这些调查是对气候敏感，还是对非气候敏感的非市场时间使用的概述。由这个表格发现，对气候敏感的时间的使用比率不到非市场时间的 5%。鲁滨逊（Robinson）和戈德比（Godbey）1997 年调查了美国人的时间使用情况，据他们的研究，1985 年美国人每周的自由时间有 39.4 小时，其中 2.2 个小时花在对气候敏感的活动中（娱乐、运动、室外活动）。可以确定为户外休闲的活动（室外娱乐、散步和长途徒步旅行）总计每周 0.77 小时，约为自由时间的 2%。[1] 在户外活动中，大部分是会因气候变暖而增多的。最近对参与某些体育活动的人的调查发现，在受访的 2.35 亿人中，只有 2430 万人参与可能会因变暖受不利影响的活动（如滑雪或冰球）。[2] 美国对气候敏感的时间比例较小，因而倾向于支持气候舒适性价值较小，而且是正相关的观点。

　　诺德豪斯最近的研究考察了美国与气候相关的时间使用的价值。[3] 这项研究根据 1981 年对将近 100 种不同活动（例如，滑雪、高尔夫以及游泳）详细的关于时间使用的个人日记。这项研究考察了不同美国人不同月份在不同活动中使用的时间。这项研究得出两个阶段性的结论：（1）随着气候变暖，用于与气候相关活动的时间增加了（例如，野营的时间超过了滑雪损失的时间）；（2）估算的 2.5℃变暖对时间使用价值的影响不大，但对美国的影响是正向的。首选的估算是，2.5 ℃变暖对美国 0.3% 的 GDP 产生正向的舒适性影响。该项所考察的影响在每年平均温度为 20℃左

[1]　鲁滨逊与戈德比（1997），附录 B。

[2]　《统计摘要》（1997）。

[3]　参看诺德豪斯（1998c）。

右时最大，此后，舒适性的影响就开始变为负数。

现在还没有其他国家提供可靠且有经验基础的舒适性估算。在本书中，我们扩展了美国非市场时间使用的估算。这种做法，对室外时间使用的处理，也许比对许多其他部门的处理，有更正当的理由，因为人类对室外温度的反应主要是生理性的，不大可能受技术差别造成的影响。为了计算不同子区域的估算值，我们使用了表 4.3 中的子区域平均温度，该数据应用了美国研究中的二次温度关系。为了估算这些影响，我们假设户外时间的价值等于平均每小时收入，收入等于 GDP 中工资的份额乘以人均 GDP，而且每年每个人有 1500 小时。在这一部门，我们假设收入弹性是零。

在此得出的结论是，气候变化的净舒适性价值可能在温带和寒带子区域里是正的，而对热带子区域是负的。这里所遵循的方法需要进一步的研究与证实，特别是对于热带和亚热带子区域。

人类居住地与生态系统

评估最重要又困难的问题之一，是气候变化对人类居住地与自然生态系统潜在的危害影响。这一问题反映了各种各样的因素，这些因素很难被建模和量化，但可能会引起众多关注。气候变化对人类居住地的影响包括因定居的人口、城市或文化宝库不能随气候变化迁移而引起的困难。一个例子是，像威尼斯这样的低地城市很难紧随广阔的海平面上升而上升。另一个例子是，像孟加拉国、马尔代夫或者荷兰这样的低地国家，应对海平面上升涉及重大的社会以及经济成本。对一些小国家，适应或迁移都会给人们带来重大的成本。

与自然生态系统有关的问题甚至更加棘手。不可逆的影响和不可流动的生态系统引起了重大关切。不可逆的影响包括潜在的物种损失，或复杂生态系统的破坏或枯竭。IPCC（1996b）的调查指出生态系统存在广泛的脆弱性，包括潜在的沙漠化，冰冻圈的影响，以及沿海生态系统的退化，但这些影响还没有被量化。目前这些的经济估值都非常高。正如 IPCC（1996c）说的："现有数据都有点推测性。而这个领域需要概念上的定量研究。"[1] 对物种按条件进行的价值评估调查往往会产生相当大的影响，但该试验一般很少有确定的答案。[2]

鉴于缺乏全面的预估，作者对经济与其他制度受到气候变化影响的程度进行了粗略估算。对不同的子区域，假设对气候敏感的人类居住地和自然生态系统的资本价值在地区产量的 5%—25%的范围内，对美国，估算的这个数字为全国产出量的 10%，或者（1990 年的）5000 亿美元左右。估算的这个数字在欧洲、日本这样的岛国、小国以及有敏感生态系统的国家会更高一些。我们假设，每个子区域每年有为脆弱系统支付资本价值 1% 的支付意愿，也就是每年贴现率 5% 的年度化价值的五分之一，以防止与平均温度增加 2.5℃相关的气候破坏。

---

[1] IPCC（1996c），第 200 页。

[2] 参看 IPCC（1996c）第 6 章的讨论。

　　这种方法可以在美国得到证明。假设居住地价值的一半属于国家公园。这就代表了 2500 亿美元的资本价值。公园将可能受到气候变化 2.5 ℃的破坏，它会对生态系统、野生动物、海滩及其娱乐价值产生危害。我们估算出，美国愿意每年支付 25 亿美元来预防这些影响。同样，欧洲可能会将威尼斯这样的低洼地区的独有的特征估价为 1000 亿美元。这种方法意味着，他们每年愿意支付 10 亿美元来防止气候变化（或者防止气候变化的影响，对威尼斯而言这主要是水淹没）。应该强调的是，在这个阶段这种方法是推测性的，需要对气候敏感地区进行详细的清点和评估，以便进行验证。但看来可能的情况是，对气候敏感生态系统和人类居住地的影响是气候变化政策中最重要的考虑因素之一。

　　根据这些假设，我们对每个子区域的居住地价值做出估算，这种估算取决于基础社会与自然系统的规模、流动性以及稳固性。没有证据表明高收入会对居住地产生影响。可能的情况是，随着收入增加，对居住地和生态系统的关注提高了，而随着收入提高，适应的成本下降了。高收入国家对居住地的高关注度，特别是对自然生态系统的高关注度，说明居住地影响有正的收入弹性。我们估算出这种影响对收入的弹性是 0.1，表 4.10 展示了我们对每个子区域的估算。

灾难性影响

　　气候变化的灾难性影响得到许多关注。潜在的严重事件包括海平面急剧上升、季风的改变、失控的温室效应、南极洲西部冰盖的崩塌以及洋流的变化，这些都将对一些子区域产生重大的气候变冷的影响，如经合组织欧洲会员国。

为了判断灾难性气候变化影响的重要性，专家们提出了以下问题：

> 一些人担心气候变化结果的低概率、高后果。对"高后果"我们指的是全球收入的 25% 将无限期损失的假设，这接近于在大萧条时期的损失。情景 A：如果像以上说明的 2090 年变暖 3 ℃，出现这种高后果的概率是多少？情景 B：如果 2175 年变暖 6 ℃，出现这种高后果的概率是多少？情景 C：如果像以上说明的在 2090 年变暖 6 ℃，出现这种高后果的概率是多少？[1]

受访者对温度大幅度上升和迅速上升情形表现出更高的关注。极端不利影响的概率平均数（中位数）在情景 A 中为 0.6%（0.5%），而在情景 B 中为 3.4%（2.0%）。对灾难情景的评估在不同的受访者之间回答的差异性很大，在不同学科中更甚。

自上述调查以来的发展使人们更加关注与主要地理变化有关的风险，特别是与温盐环流的潜在变化相关的风险。例如，布勒克（Broecker）写道：

> 今天海洋系统主要的要素之一是类似传送带的环流，它向北大西洋输送大量的热带热量。记录……表明，这种传送现在并非稳定运行，而是从一种运行方式跳到另一种运行方

---

[1] 诺德豪斯（1994a）。

式。与这些跳跃相关的气候变化已被证明是巨大的、突发性的和全球性的。虽然尚未发现促进这种气候变化的准确关联，但有案例可证明这种情况的根源在海洋大规模温盐环流中。[1]

气候研究分析了许多突发事件，发现北大西洋甚至全球气候系统的大规模重组会短短 10 年内出现（布勒克，1997；丹斯加德等，1993；泰勒等，1993）。

随着得出温盐环流变化模型，对这些灾难性事件的关注也增加了。斯托克尔和施米特黑纳在 1997 年提出了关于全球升温的若干设想。如果全球温度在一个世纪中增加 4 ℃，在这种温度增加迅速的情况下，温盐循环将停止，并将会在至少 1000 年内维持此状态。如果温度增加减缓，即在两个世纪中上升 4 ℃，则将导致温盐循环弱化但最终能恢复。虽然在这个领域需要做许多进一步的研究，但现有成果说明，随着温度的上升超过 2 ℃—3 ℃的范围，主要影响的风险将急剧上升。

为了反映这些日益增长的担忧，我们假设 2.5 ℃变暖灾难的概率，是调研中变暖 3 ℃的估计概率的 2 倍，是变暖 6 ℃相关的概率的 2 倍，而且在灾难发生时，全球收入的损失比调研中引用的数字高 20%。这就意味着，变暖 2.5 ℃时灾难性影响的概率是 1.2%，变暖 6 ℃时则是 6.8%。假设一次灾难中收入损失的百分比根据地区不同而不同。我们假设，某些子区域（比如印度次大陆和经合

---

[1] Broecker（1997），p.1582.

组织欧洲会员国）比其他子区域更脆弱。对于被认为具有高度脆弱性的经合组织欧洲会员国，其收入损失的百分比预计是美国的 2 倍。

为计算避免灾难性风险的 WTP，我们假设各国都厌恶灾难性风险。在此计算中，假定相对风险厌恶率是 4%。这就意味着，相当于 20% 损失概率为 1% 的等值收入损失占收入的 0.32%，而 40% 损失概率为 1% 的等值收入损失为收入的 1.21%。WTP 估算的范围是，变暖 2.5 ℃时其 WIP 收入的 0.45%—1.9% 之间，变暖 6 ℃时其 WIP 收入的 2.5%—10.8% 之间。假设这个 WTP 的收入弹性为 0.1，以反映随着收入增加，人们对灾难性风险的厌恶更大。表 4.9 说明了减少灾难性风险 WTP 的推导。

总结估算

表 4.10 中从不同部门收集的危害估算值代表了温度增加 2.5 ℃对 2100 年收入的影响，在灾难性风险的情况下，也显示了温度增加 6 ℃的对经济影响。注意，这些数字与早期表中的数字略有不同，因为这些影响适用于 2100 年预测的收入，而早期表一般指 1995 年的收入与经济结构。

比较这些估算与以上提到的专家调研的结果是有用的。在以上的调研中，非市场活动引起的影响中值估算是总收入影响的一半左右，或者占收入的 0.9%。专家们的讨论主要指向两种影响，健康与生态系统。专家调查或 IPCC 1996 年报告中均未发现这些领域以外的重要非市场影响。这里得出的数字接近于调查中非市场影响的数字。

表 4.9　对估算的灾难性气候变化风险的支付意愿

	(1)	(2)	(3)	(4)	(5)	(6)
	灾难性事件发生的概率		相对脆弱性	预计灾难性事件伴发生所带来的损失（占 GDP 的百分比）	为避免灾难性风险的支付意愿（占 GDP 的百分比）	
	2.5 ℃	6 ℃			2.5 ℃	6 ℃
美国	0.012	0.068	1.0	22.1	0.45	2.53
中国	0.012	0.068	1.0	22.1	0.45	2.53
日本	0.012	0.068	1.0	22.1	0.45	2.53
经济合作组织欧洲会员国	0.012	0.068	2.0	44.2	1.90	10.79
俄罗斯	0.012	0.068	1.5	33.2	0.94	5.33
印度	0.012	0.068	2.0	44.2	1.90	10.79
其他高收入国家和地区	0.012	0.068	1.5	33.2	0.94	5.33
高收入 OPEC 国家	0.012	0.068	1.0	22.1	0.45	2.53
东欧国家和地区	0.012	0.068	1.0	22.1	0.45	2.53
中等收入国家和地区	0.012	0.068	1.0	22.1	0.45	2.53
中低收入国家和地区	0.012	0.068	1.5	33.2	0.94	5.33
非洲	0.012	0.068	1.0	22.1	0.45	2.53
低收入国家和地区	0.012	0.068	1.5	33.2	0.94	5.33

说明：对第（4）列进行了校准，以使得不同地区的 GDP 获得它们在（3）栏中的相对脆弱性加权时，预期的全球损失为 GDP 的 30%。第（5）、第（6）列为每个地区支付的意愿，假设其相对风险厌恶率为 4，第（1）、第（2）列为概率，第（4）列为预期损失率。

表4.10　不同部门影响总结：变暖2.5°C的影响（正数是损失，负数是收益；影响以市场GDP占比衡量）

	总影响（2.5℃）	农业	其他脆弱市场	沿海	健康	非市场时间使用	居住地	灾难性影响	
								（2.5℃）	（6℃）
美国	0.45	0.06	0.00	0.11	0.02	−0.28	0.10	0.44	2.97
中国	0.22	−0.37	0.13	0.07	0.09	−0.26	0.05	0.52	3.51
日本	0.50	−0.46	0.00	0.56	0.02	−0.31	0.25	0.45	3.04
经济组织欧洲会员国	2.83	0.49	0.00	0.60	0.02	−0.43	0.25	1.91	13.00
俄罗斯	−0.65	−0.69	−0.37	0.09	0.02	−0.75	0.05	0.99	6.74
印度	4.93	1.08	0.40	0.09	0.69	0.30	0.10	2.27	15.41
其他高收入国家和地区	−0.39	−0.95	−0.31	0.16	0.02	−0.35	0.10	0.94	6.39
高收入 OPEC 国家	1.95	0.00	0.91	0.06	0.23	0.24	0.05	0.46	3.14
东欧国家和地区	0.71	0.46	0.00	0.01	0.02	−0.36	0.10	0.47	3.23
中等收入国家和地区	2.44	1.13	0.41	0.04	0.32	−0.04	0.10	0.47	3.21
中低收入国家和地区	1.81	0.04	0.29	0.09	0.32	−0.04	0.10	1.01	6.86
非洲	3.91	0.05	0.09	0.02	3.00	0.25	0.10	0.39	2.68
低收入国家和地区	2.64	0.04	0.46	0.09	0.66	0.20	0.10	1.09	7.44
全球（a）									
产量加权	1.50	0.13	0.05	0.32	0.10	−0.29	0.17	1.02	6.94
人口加权	1.88	0.17	0.23	0.12	0.56	−0.03	0.10	1.05	7.12

说明：（a）产量加权的全球平均数是根据未自 RICE 基点情况 2100 年预期产量的加权。人口加权全球平均数是根据 1995 年人口加权。

影响指数是温度的函数

上一节考察了在基准 2.5 ℃变暖时气候危害的估算值。这一节讨论如何将影响指数在温度范围内扩展到其他点。该过程必然是超出现有研究的外推，因为危害函数形式只存在一组估算。

农业。农业估算也许是所有估算中最仔细的。图 4.1 说明了根据表 4.3 与表 4.4 数据估算的子区域温度（地区加权），与影响指数之间的线性关系。整合边际损害关系可得出农业和温度之间的二次关系，这说明了，初始气温比 11.5 ℃低的国家将受益，而气温较高的这些国家将受损。对 RICE-99，这种关系用于预测农业损失和气候之间的关系。这些假设得出了以下子区域农业损失函数：

$$Q_{ag,j}(T) = \{ \alpha_{ag}{}^0 + \alpha_{ag}{}^1(T + T_j^0) + \alpha_{ag}{}^2(T + T_j^0)^2 \} - \\ \{ \alpha_{ag}{}^0 + \alpha_{ag}{}^1 T_j^0 + \alpha_{ag}{}^2 T_j^{0\,2} \} + \varepsilon_{ag,j} \quad (4.2)$$

这里 $\alpha_{ag}{}^i$ 是关系系数，T_j^0 是在没有气候变化时，子区域平均温度；而 $\varepsilon_{ag,j}$ 是估算 j 子区域时选择的误差，以使 $T = 2.5$ ℃时的影响等于表 4.4 中的数字。由于一些子区域没什么可靠的子区域危害信息，我们假设，对以下地区，$\varepsilon_{ag,j} = 0$：东欧国家和地区、中等收入国家和地区、中低收入国家和地区、非洲、低收入国家和地区。

其他脆弱市场。这里估算的其他市场损失与子区域温度之间有强有力的关系，在初始子区域温度为 12.3 ℃时，损失是零。对每个地区农业预测也使用了同样的方法。

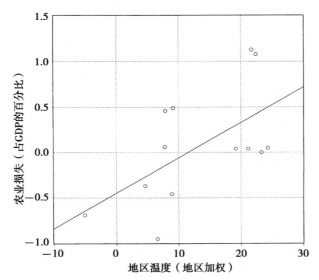

图 4.1　农业损失函数

圆圈是根据表 4.4 估算的损失。

沿海。沿海脆弱性并不与子区域气候相关，但与全球进程相关。以下是约埃（Yohe）的研究，我们假设幂的关系如下：

$$Q_{coastal,\,j}\,(\,T\,) = \alpha_{coastal,\,j} \times \left[\,T/2.5\,\right]^{1.5} \qquad （4.3）$$

这种关系中的系数是表 4.10 中说明的简单估算的损失系数。

健康。气候对健康的影响的估算是高度依赖温度的。初步估计，假设在子区域，中值温度达到 15 ℃ 之前对健康没有影响，此后气温急剧上升。为了接近这种关系，我们估算了健康损失与区域温度之间的半对数关系。这种关系的形式如下：

$$Q_{health,j}(T_j) = 0.002721(T_j)^{0.2243} \qquad (4.4)$$

图 4.2 说明了从上一节得出的 2.5 ℃变暖的危害（以三角形表示），圆圈表示从连续损害函数估算的 2.5 ℃变暖的危害。

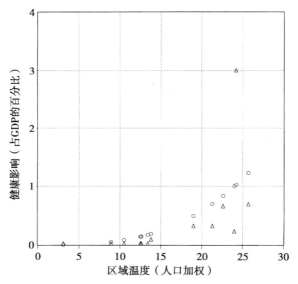

图 4.2　本模型和默里-洛佩斯研究的健康损害
三角形的推导如文中所述。圆圈是从文中讨论的非线性最小二乘估算的。

非市场舒适（时间使用）。对时间使用影响的计算基于损失和子区域温度之间的平方关系。校准的方法与农业相同。

居住地。对居住地损失的估算基于全球温度变化。校准的方法与沿海影响相同。

灾难。在上一节中，对灾难危害的估算提供了 2.5 ℃和 6 ℃变化的估计值。温度变化不超过 3 ℃时危害函数是线性的，而此后温度高于 3 ℃时则遵循幂函数。

RICE-99 危害函数的校准

从以上讨论的影响函数推导到 RICE-99 中的危害函数 $D_J(t)$，遵从以下步骤：

1. 计算 2.5 ℃和 6 ℃时的区域影响，分别为 θ_{ij} [2.5，y_j（2100）] 和 θ_{ij} [6，y_j（2100）]，y_j（2100）取自 RICE-98 运算。

2. 将这些分类加总，创建每个子区域的总体影响指数，得出子区域总量 θ_j [2.5，y_j（2100）] 和 θ_j [6，y_j（2100）]。

3. 求解每个区域两个二次方程组，得出对每个 RICE-99 区域二次危害函数的危害系数。这些方程式的温度变化的点分别为 0 ℃、2.5 ℃和 6 ℃。因此，它们准确代表本章第 1 节的危害估算，并用 0 ℃到 6 ℃之间的二项方程式内推。由于没有超过 6 ℃增加的计算，无须在此处提供的估算范围之外进行推算。还要注意，对于包括 13 个子区域中的一个以上的 RICE-99 地区，我们按 GDP 对子地区进行加权。

主要结果与结论

RICE-99 的全球危害函数如图 4.3 所示。这两条曲线展示了区域危害函数在各温度下的加权总和，其中权重为 1995 年人口和预测的 2100 年区域产出。表 4.10 展示了每个区域的结果。图 4.4 展示了子区域的危害函数。

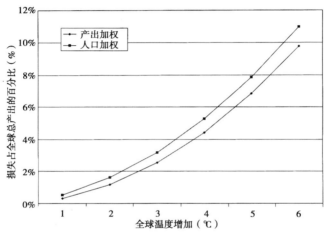

图 4.3　全球危害函数

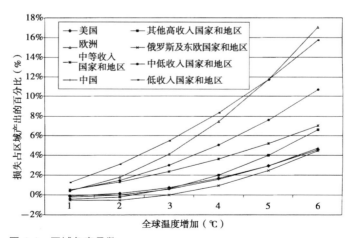

图 4.4　区域危害函数

　　区域结果因区域不同而显著不同。全球变暖 2.5 ℃的影响范围从俄罗斯 0.7% 的产出净收益到印度近 5% 的产出净损失不等。全球变暖 2.5 ℃，全球平均影响用预期产出加权估算是产出的 1.5%，用 1995 年区域人口加权估算是产出的 1.9%。

　　令人惊讶的主要原因之一是全球变暖对 21 世纪的影响可能相当小。第 7 章中 RICE-99 的当前预测说明，在不受控制环境下，全球变暖幅度在 2100 年左右将略低于 2.5 ℃。我们估计，那时的危害用 2100 年产出加权，可能占全球收入的 1.9% 左右。在这个时间框架内，假设灾难性情况不会发生，美国、日本、俄罗斯和中国的危害基本为零。相比之下，21 世纪，欧洲、印度，及许多其他低收入地区，更易遭受重大的危害。

　　美国似乎比许多国家更不容易受气候变化的影响。这是由于它相对温和的气候，经济对气候的依赖性小，在美国许多地方气候变暖有正的舒适性价值，其发达的医疗体系，以及对灾难性气候变化的脆弱性低的结果。表 4.11 比较了本研究结果与美国其他近期研究的结果。[1] 最近两项针对美国的研究在很大程度上是一致的，平缓气候变化的经济性影响（不考虑灾难性结果）对于适度的全球变暖（2.5 ℃）接近于零。

　　据估计，在美国之外，俄罗斯和加拿大这样的其他高收入国家将从基准 2.5 ℃的变暖中略有收益。这些地区有收益是因为农业

---

[1]　目前的研究完成之后，门德尔松和诺伊曼（1999）的研究已经出版了，而且应该看作一个独立的评估。

表 4.11　美国 2.5 ℃时最近的影响研究比较（1990 年币值的 10 亿美元，收益以负数表示，而损失以正数表示）

部　门	弗兰克豪泽（1995）	托尔（1995）	门德尔松和诺伊曼（1999）	本研究
市场影响				
农　业	8	10	−11	4
能　源	8	na	3	0
海平面	9	9	0	6
森　林	1	na	−3	0
水	16	na	4	0
市场总影响	42	19	−8	11
非市场影响				
健康、水质与人类生活	19	37	6	1
移　民	1	1	na	na
人类休闲、娱乐与非市场时间	na	12	−4	−17
物种损失	8	5	na	na
人类居住地	na	na	na	6
极端事件和灾难性事件	0	0	na	25
非市场总影响	28	56	2	17
总计（市场与非市场部门）				
10 亿 1995 年币值美元	70	74	−7	28
占 1990 年 GDP 的百分比（%）	1.3	1.5	−0.1	0.5

资料来源：表 4.1；门德尔松和诺伊曼（1999），第 319、320 页；以及目前的研究。

说明：na 表示没有数据或没有估算值。

部门的重大改善，以及非市场时间使用带来的收益。在另一个极端，低收入地区（特别是印度和非洲）以及欧洲，似乎极易受气候变化的影响。印度极易受到气候变化的影响，这是因为季风对其农业的重要性，日益升高的温度对非市场时间使用的不利影响，以及潜在的对健康的不利影响。对非洲来说，其大部分脆弱性来自全球变暖对健康的潜在影响。欧洲似乎是高收入地区中最易受影响的地区，因为洋流的变化以及重大的沿海与农业影响可能导致潜在的灾难性后果。

这里的估算表明，对大多数国家来说，市场影响可能比较小；主要应关注的是潜在的灾难性影响。正如表 4.10 说明的，在变暖 2.5 ℃时，灾难性成本预计是其他影响总和的两倍。同样，据估计，灾难性危害将在温度增加至更高时产生决定性影响。但估算的灾难性影响如此不确定，意味着气候变化的整体影响有巨大的不确定性。

在结束本章之前必须有一句警示的话。应该强调，试图估计气候变化的影响的努力仍然是高度推测性的。在少数国家，除了农业和海平面上升之外，许多学者对气候变化导致的经济影响的研究仍然不多。不同气候模型对全球变暖地区气候影响的估计仍然不一致，而且在估算影响，特别是估算低收入国家和地区的影响上，仍然进步不大。需要更多研究，来提高对气候变化影响的认识。

第 5 章
DICE-99 模型

　　之前的各章讨论了 RICE-99 的开发。出于多种目的，特别是在无需强调区域细节的情况下，有一个简化的模型版本会很方便。有鉴于此，我们开发了一个被称为 DICE-99 的全球总量模型。

　　虽然 DICE-99 缺失了 RICE-99 的区域细节，但它有几个优点。对了解温室效应引起的经济政策问题基本结构它更实用，因为它小到足以使研究者以直观的方法了解个体之间的联系。它更容易修改，因为参数的数量十分少。它运行也快得多，因此，更容易检测替代实验。而且它可以不断改进，因此，更易探寻可替代的时间范围的影响、贴现假设以及碳或气候模型的含义。那些有兴趣对全球变暖有个直观了解的经济学研究者和决策者，在处理像 RICE 或其他大规模模型这样更不透明和对计算需求更高的模型之前，可以从 DICE 模型开始。

模型的结构

在大多数部门，DICE-99 的基本结构与 RICE-99 是很相似的。附录 B 中提供了 DICE-99 的方程式，附录 E 中提供了 DICE-99 的计算机编码。两个模型之间主要的差别在于生产部门，初始 DICE-94 模型的简化型方法仍然保留了基础生产部门。更具体地说，DICE-99 的主要内容包括：

1. DICE-99 中的地球物理部分与 RICE-99 相同。碳循环、辐射强迫和气候方程式是全球的总和，因此，在这些部分，没有理由区分 RICE 与 DICE 模型。

2. RICE 和 DICE 模型处理纯时间偏好率是相同的。

3. 人口、经济领域技术变化、劳动投入、投资和资本存量的模型编制结构是相同的。唯一的差别是，DICE 代表全球变量，而 RICE 分区域考虑这些变量中的每一个。

4. 在 RICE 和 DICE 模型中危害方程式采取了同样的形式。

5. 两个模型之间主要的差别在于对生产和能源的处理。正如以上说明的，RICE-99 引进了更完整的能源部门模型，碳能源作为中间投入进入生产函数；DICE-99 用简化形式来处理生产。在劳动力、资本和外生技术变化方面，DICE 模型具有柯布–道格拉斯生产函数的功能。根据碳含量因素给出的工业碳排放量乘以产量 σ (t)，得出不受控制的工业 CO_2 排放与全球产量的比率。在 CO_2 排放受控制的运算中，可通过控制率 $\mu(t)$ 减少排放，受控制的排放等于基点排放乘以 1，再减去控制率。净产量是总产量乘以一个因子，这个因子是排放控制率和气候变化危害的函数。

6. 两个模型之间最终差别是能源供给部门。在 RICE-99 模型中，我们明确地模拟了碳能源耗尽。在 DICE-99 模型中，所有对碳燃料使用的限制都被取消了。换句话说，在 DICE-99 模型中对累积的碳能源使用没有稀缺性限制。[1]

总之，DICE-99 极为类似于初始 DICE 模型的结构。那些熟悉早期模型的人会发现，新的 DICE 版在较短时间可以掌握，并容易使用和操作。该模型可以在 GAMS 版和 EXCEL 电子表格版本中得到，这意味着，模型可以采用便宜且随处可以得到的软件运行。其与以前版本主要的变化是，重新校准，以与更多且更准确的 RICE-99 经济结构的新发现一致。此外，在模型某些部分上做了一些小改动。

校　准

要校准 DICE-99，以使其基本运行的和最佳运行的结果与相

---

[1]　在 DICE 框架中，由于以简化的形式处理减排，所以不能轻而易举地引入碳稀缺性。只有在减排变量（μ）允许采取非零值时，才会出现碳燃料的替代。基本情况将限定 μ 为零。稀缺性引起（与气候政策引起的相反）的碳燃料替代不能轻而易举地结合在这个框架中。标准版 DICE-99 的测试检验说明，100 年间碳燃料的稀缺替代没有造成影响。更准确地说，如果将与 RICE-99 类似的碳稀缺性引入 DICE 中，碳燃料的少量霍特林租金将发挥作用。计算的碳燃料的霍特林租金在 2000 年是每吨碳 0.5 美元左右，2100 年是每吨碳 26 美元左右。这一点隐藏在 DICE 模型中，引起略高的排放与气候变化。然而两个世纪以来，碳稀缺和碳过剩运行之间的全球平均温度的变化极小——2100 年为 0.018 ℃，2200 年为 0.13 ℃。

应的 RICE-99 的运算一致。以下解释校准方法。由于区域发展的高度差异，分解的 RICE 与总体的 DICE 之间不完全一致，因此，RICE 和 DICE 模型提供了对一些变量不同的预测。

我们已在第 2 章第 5 节中说明了运行的基本情况。DICE 使全球效用最大化的最佳运行方式主要受到经济与物理的限制（附录 C 提供了变量清单）。RICE-99 模型最佳运行找到了一条帕累托最优的碳排放时间路径。可以在第 6 章和第 7 章第 2 节中找到对该模型基本运行与最佳运行的进一步说明。

在 DICE 模型中，人口、碳含量、初始资本、产量比率以及经济领域的技术变化是外生变量。可以确定这些变量，以便使 DICE-99 基本运行中全球人口、全球产量、全球排放、CO_2 浓度与全球温度的路径与 RICE-99 在前 13 个时期（130 年）基本运行的这些路径相一致。

现在给出校准程序更详细的讨论。首先校准人口，以便接近等于 RICE-99 总人口的路径。其次校准初始资本存量，以使初始 DICE-99 资本真实收益等于 RICE-99 中各区域产出加权的平均真实收益率。再次，确定 DICE-99 中的初始水平、初始增长率和全要素生产率增长率下降至与初始产量水平、前四个时期中平均产量水平一致，并与 RICE-99 中前 11 个时期平均产出水平相匹配。

接下来，确定初始碳产出比 $\sigma(0)$ 的水平，以便使第一时期排放与实际排放相匹配。然后，设定 $\sigma(t)$ 的下降，以便使 DICE-99 中的全球温度路径与 RICE-99 的路径相符。

表 5.1 和图 5.1 展示了在基本运行中，重要变量的 DICE-99 相

对于 RICE-99 的百分比误差。可以看出，重要气候变量的平均误差在 21 世纪小于 2%。

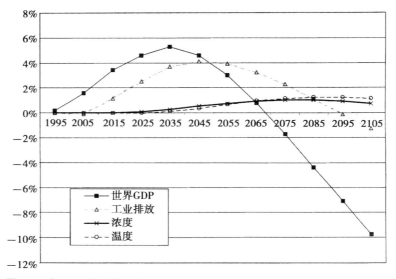

图 5.1 在 DICE 参考情况中校准的误差

接下来，是使 DICE-99 的最优运算与 RICE-99 的最佳运行相符。在此步骤中，对 DICE 的危害参数和排放控制成本函数进行了调整。更准确地说，注意，DICE 中减排成本函数采用了 $Cost(t)/Y(t)=[1-b_1(t)\mu(t)b_2]$ 的形式，这里 $\mu(t)$ 是排放控制率。[1]b_1(t) 和 b_2 的系数和二次危害函数就可以确定，以便 DICE-99 中的最优碳税和排放控制率与 RICE-99 最优运算中这些变量的预期相符。

---

[1] 如果 $E_b(t)$ 是基线工业排放，t 时期的排放控制率 $\mu(t)$ 就是 $[E_b(t)-E(t)]/E_b(t)$。

表 5.1　RICE-99 与 DICE-99 结果比较：参考情况（DICE-99 与 RICE-99 计算结果的比率）

	1995	2005	2015	2025	2035	2045	2055	2065	2075	2085	2095	2105
世界 GDP	1.002	1.016	1.034	1.046	1.053	1.046	1.030	1.008	0.983	0.956	0.929	0.902
世界人均 GDP	1.002	1.017	1.035	1.047	1.054	1.047	1.031	1.009	0.983	0.956	0.928	0.901
世界人口	1.000	0.999	0.999	0.998	0.999	0.999	0.999	0.999	0.999	1.000	1.001	1.001
工业排放	1.000	0.999	1.012	1.026	1.037	1.041	1.039	1.033	1.023	1.011	0.999	0.987
总排放	1.000	0.999	1.011	1.023	1.034	1.038	1.037	1.031	1.022	1.011	0.999	0.988
工业 CO_2 与产量的比率	0.999	0.985	0.980	0.983	0.988	0.999	1.014	1.030	1.047	1.064	1.082	1.102
浓度	1.000	1.000	1.000	1.001	1.003	1.006	1.008	1.009	1.010	1.010	1.009	1.008
全球温度	1.000	1.000	1.000	1.000	1.001	1.004	1.007	1.010	1.012	1.013	1.013	1.012
累积总排放	1.000	1.000	1.004	1.009	1.015	1.019	1.022	1.023	1.023	1.022	1.019	1.016
平均浓度	1.000	1.000	1.000	1.000	1.001	1.002	1.003	1.004	1.005	1.005	1.006	1.006
平均温度	1.000	1.000	1.000	1.000	1.000	1.001	1.003	1.004	1.006	1.007	1.008	1.008

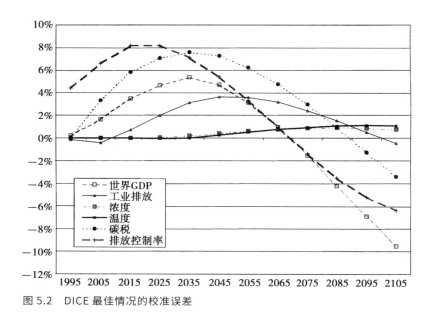

图 5.2　DICE 最佳情况的校准误差

　　表 5.2 和图 5.2 说明了最佳运行的校准误差。前 12 个时期（相对于 RICE-99 的 DICE-99）平均误差：工业排放为 1.6%，浓度为 0.4%，温度为 0.5%，碳税为 3.5%，以及排放控制率为 2.3%。简言之，经校准的 DICE-99 是 RICE-99 的忠实反映。

　　最后，一句话有助于人们思考是采用 RICE 还是 DICE 模型作为工具：DICE 容易使用得多，而且能更快地运算。在前 150 年，两个模型的轨迹接近，此后，数值上接近和较短的时期范围成为 RICE 的问题。着眼于长期权衡时，特别是不涉及地区分析的轨迹时，DICE 是更准确的工具，而且更容易使用。当运算远远超出设计和校准的范围之外时，两个模型都会出现问题。例如，在 DICE

表5.2　RICE-99 与 DICE-99 结果比较：最佳情况（DICE-99 对 RICE-99 计算结果的比率）

	1995	2005	2015	2025	2035	2045	2055	2065	2075	2085	2095	2105
总排放	0.999	0.996	1.006	1.018	1.029	1.034	1.034	1.030	1.023	1.015	1.005	0.995
CO_2产量占比	0.997	0.981	0.975	0.977	0.982	0.993	1.009	1.027	1.046	1.066	1.086	1.107
工业排放	0.998	0.996	1.007	1.020	1.032	1.036	1.036	1.032	1.024	1.015	1.005	0.995
累积总排放	0.999	0.997	1.001	1.005	1.011	1.015	1.018	1.020	1.020	1.020	1.018	1.016
碳控制率	1.044	1.066	1.082	1.082	1.072	1.055	1.033	1.010	0.986	0.965	0.948	0.936
碳税	1.000	1.033	1.059	1.071	1.076	1.073	1.063	1.048	1.030	1.009	0.987	0.966
浓度	1.000	1.000	1.000	1.000	1.002	1.004	1.006	1.008	1.009	1.009	1.009	1.008
全球温度	1.000	1.000	1.000	0.999	1.000	1.002	1.005	1.007	1.009	1.011	1.011	1.011
平均浓度	1.000	1.000	1.000	1.000	1.000	1.001	1.002	1.003	1.003	1.004	1.005	1.005
平均温度	1.000	1.000	1.000	1.000	1.000	1.000	1.001	1.003	1.004	1.005	1.006	1.007

中，日益增长的经济增长率、人口或碳含量，会使碳燃料使用量的增加远远超出现在可获得的估算。与此相比，RICE-99 包括了化石燃料向上倾斜的供给曲线，而且这种限制防止了过度的累积排放。应注意确保使用模型分析时，不违背为简化模型所用的隐含假设。

第 6 章

计算程序

RICE 和 DICE 的计算机编程

RICE-99 和 DICE-99 模型被编为两个不同的版本。最容易在网上得到的模型版本是用微软 EXCEL 编写的（97 版或更新版本）。此外，模型也广泛使用数学编程语言 GAMS 编程（2.50 版或更新版本）。现在的 GAMS 编程只在求解器 MINOS5 上进行了测试。本书附录 D 和附录 E 提供了 GAMS 程序代码。EXCEL 电子表格和 GAMS 程序，以及文档，可以在 http://www.econ.yale.edu/ ~ nordhaus/homepage/homepage.htm 得到。

DICE-99 模型的 EXCEL 和 GAMS 版本是相同的。但在 RICE-99 模型的两种版本中，均衡的实现略有差别。本章说明模型求解的过程。

在 EXCEL 中 RICE-99 的解法

我们从说明在 EXCEL 中 RICE-99 解的概念开始讨论。在这个版本中，不同地区在没有国际贸易可能性的情况下进行投资与消费，以最优化其地区社会福利函数。这种均衡得出了不同区域不同商品贴现率（真实利率）。全球变暖的外部性通过为估算世界各国的支付意愿，将其作为不同区域危害的总和，以不同区域的贴现率来衡量。在出现排放交易的情况下，每个地区将根据全球市场碳税，最优化自己的碳排放。每个地区的净许可证收益是碳税乘以净许可证销量（即许可证配给的减排）。GDP 包括了净许可证收益。全球碳税、净许可证收益、产出和储蓄率的计算同时而一致地进行。对于收入中性的许可证配给，确定净许可证收益等于零。这与我们配给每一个区域许可证，以使之等于均衡排放量，具有同样的效果，但通过允许我们避免必要的迭代来简化计算，以便找到与排放时间路径一致的收入许可证配给来简化计算。

EXCEL 电子表格各行可以分为外生与内生。外生行包括使用者输入的数字，内生各行是公式。外生各行可以进一步分为参数和政策变量。政策变量是可以通过决策者选择的变量，而不是由性质决定的变量：区域储蓄率和碳税。霍特林租金在这个范畴内，虽然它是一种市场价格。工业碳排放和碳能源是电子表格中的内生变量。每一个地区的碳能源和工业排放都要满足基本的产出最大化的首要条件 [方程式（3.3b）]，包括碳税的碳能源价格被纳入排放公式。参数行包括人口、全要素生产率、脱碳率、非工业碳排放以及生产函数参数的值，一般被视为不受决策者控制。

通过寻找出满足使用者合意条件的政策变量值，可以在EXCEL中解出该模型。表 6.1 展示了第 7 章中考虑的四种政策（表 7.1 中的 1、2、5 和 6）解的条件。第（3）列表示与第（2）列中概念条件一致的 EXCEL 中的数学条件。通过寻找满足第（3）列条件的第（4）列的政策变量值，可以找出第 7 章的解。寻找一般是通过"目标寻找"指令进行的。为了确保一个解的所有条件在所有时期都得到满足，在解出算法时要用迭代法。宏已经被编到 EXCEL 电子表格中，所以本书中考虑的案例可以以最小努力解决。

第 7 章和第 8 章中考虑的所有情况都是在表 6.1 中找出的四种政策的最小变体，表 6.1 中解法的扩大很直接。使用者可以选择EXCEL 电子表格中明确规定的政策变量。

RICE-99 模型的结构很简单，可以通过分析得出解的数学条件，因此 EXCEL 电子表格中遵循的解法是可能的。可以想象一下无法做到这一点的情况。其中一种情况是浓度目标情况（表 6.1，第 4 点）。但在这里我们可以通过使方程（2.16）中的浓度危害函数［方程式（2.16）中的 $D_J(t)$］迅速上升接近浓度目标的浓度来修正这个问题；解出帕累托最优情况（表 6.1，第 2 点），然后提供一个合理准确的解。

表 6.1　RICE 模型的基本政策

（1）情况	（2）解决条件	（3）数学条件	（4）控制变量
1. 基点	1. 每个地区储蓄率最优	由地区效用贴现率决定的资本收益率	地区储蓄率
	2. 霍特林租金等于稀缺性租金	霍特林租金等于边际开采对价格影响的贴现值	霍特林租金
	3. 在排放选择中忽略的外部性	许可证价格（碳税）等于零	全球许可证价格
	4. 满足碳税（许可证价格）为零时市场均衡的工业排放	排放的首要条件（方程式 3.3a）	工业排放的公式确保首要条件得到满足
2. 帕累托最优	来自基点情况的 1 与 2		
	3. 公共物品的萨缪尔森条件（边际成本等于地区边际收益之和）	统一碳税（许可证价格）等于为碳减排的世界边际支付意愿	世界许可证价格
	4. 工业排放满足最优碳税时碳税市场均衡	排放的首要条件（方程式 3.3a）	工业排放的公式确保首要条件得到满足
	5. 碳减排边际成本在各国相同	GDP 对工业排放的导数在每个地区都相同	由每个地区都面对同样碳税或确保许可证价格这一事实得到确保

（续表）

（1）情况	（2）解决条件	（3）数学条件	（4）控制变量
3. 全球排放限制	1与2来自基点情况		
	3. 受政策约束限制的全球排放	排放需求（根据公式）等于全球排放限制	全球许可证价格或碳税
	4. 全球排放满足非零碳税时的市场均衡	排放的首要条件（方程式3.3a）满足	工业排放公式确保这个条件得到满足
	5. 减排边际成本各国相同	GDP对工业排放的导数在每个地区相同	由每个地区面临同样碳税或许可证价格这一事实得到确保
4. 浓度限制	1与2来自基点情况		
	3. 排放是受到CO_2浓度限制的帕累托最优	与帕累托最优3相同，接近浓度限制时有高非线性危害函数	全球许可证价格或碳税
	4. 工业排放满足非零碳税（或许可证价格）时的市场均衡	排放的首要条件（方程式3.3a）满足	工业排放公式确保这个条件得到满足
	5. 减排边际成本在各国是相同的	GDP对工业排放的导数在每个地区相同	由每个地区面临相同碳税或许可证价格这一事实得到确保

在 GAMS 中 RICE-99 的解法

解出模型另一种分析方法是使用优化程序（例如 GAMS），根据模型方程最大化社会福利函数。我们的方法是解出一般均衡的根岸隆[1]法的变体。初始的方法来自根岸隆（1960），并且诺德豪斯和杨（1996）曾经讨论过。

根岸隆的想法是，通过最大化社会福利函数——每一个具备适当福利权重集的经济主体效用函数的加权总和——找出竞争的均衡。在这里，主体是区域。加权是在求解路径中区域间诱导零转移的加权，或在单个代理的预算约束下使影子价格相等的加权。

在纯根岸隆法中，社会福利函数是：

$$SWF_{PURE} = \sum_J \Psi_J W_J \qquad (6.1)$$

这里 SWF_{PURE} 是纯根岸隆法中的社会福利函数，Ψ_J 是福利加权，而 W_J 来自方程式（2.1）。

初始的方法或纯根岸隆法并不能用于我们的问题。由于我们并不允许跨期贸易，因此每个地区都被迫完全依靠自身的产出进行消费与投资，从而面临各种支出限制（每个时期的限制）而不是对它支出现值的单一限制。并不存在一组时间不变的社会福利权重，该权重等于各时期预算约束的社会影子价格。换句话说，

---

[1] 根岸隆（Takashi Negishi，1933— ），日本经济学家，对分析一般均衡的存在、最优化、稳定性和二分化都有贡献。（译者注）

如果没有跨期的贸易，各地区的贴现率就不同。因此，如果一组时间不变的福利权重使一个时期内跨区消费的边际社会效用相等，那么边际社会效用将在未来某一时期发生分化。

这里这种方法用了时间可变加权。社会福利函数是：

$$SWF_{TVW} = \sum_t \sum_J \psi_J(t) U[c_J(t), L_J(t)] \qquad (6.2)$$

这里 SWF_{TVW} 是有时间变动加权（TVW）的根岸隆法中的社会福利函数，$\psi_J(t)$ 是时间变动福利加权，而 U 来自方程式（2.1）。选择福利权重是为了使某个时期预算限制的影子价格——社会边际收益效用——在每个时期的社会最优水平上，各个地区是相同的。

以这种方法选择福利权重，就得出：

$$dSWF_{TVW}/dC_J(t) = WR(t) \qquad (6.3)$$

方程式（6.3）说明，社会贴现因子（或社会贴现率）对所有地区是相同的。

注意，在选择全球贴现率 $WR(t)$ 上有一个自由度；使每个时期社会边际效用相等，要求贴现因子在不同地区相等，但并不要求盯住贴现因子。我们选择 $WR(t)$，以使它等于个别地区贴现因子的输出加权平均值。（这接近于将其设置为贴现因子的资本加权平均值。）为了这样做，我们用了一种迭代搜索算法，其中，方程式（6.4）首选使任意 $WR(t)$ 值最大化；然后我们再调整 $WR(t)$ 并再次最大化式（6.4）；并遵循过程，直至算法收敛。由于各地区的贴现因子是内生的，选择 $WR(t)$ 的方法，具有使式（6.4）中社会贴现因子内生化的效果。随着未来消费的变化受当前消费的影响，未来消费相对于当前消费的相对价值的变化也会影响社会规划者的决策。

为了改变 GAMS 中的政策，我们简单地改变约束条件。与空白表格程序方法不同，排放被作为 GAMS 中的一个控制变量，而碳税和霍特林租金也可以作为程序中的结果来计算。

为了解出 GAMS 的基本情况，我们在危害系数为外生的这一假设下最优化；它们被设定在与工业排放市场水平一致的水平上。为了解出最优情况，限制条件就是第 2 章的所有方程式。为了解决表 6.1 中的情况 3，我们增加全球工业排放不超过某个水平的限制条件。在浓度目标的情况下，我们反而将大气中的碳浓度限制在特定水平以下。通过增加或修改 GAMS 的程序，根岸隆法可以轻而易举地用于其他情况。

用有时间变动加权的根岸隆法，解出表 6.1 的一些条件并不能准确地得到满足。因为社会规划者对所有地区都用加权平均的贴现率，储蓄率并不是最优的。因此，在计算稀缺性和减少碳的环境价值时，贴现的未来收益在一些地区按极高的贴现率贴现，而在另一些地区按极低的贴现率贴现。

但经验表明，对大部分情况，可以承认有时间变动加权的根岸隆法与满足表 6.1 中的条件的解决方案非常接近解决方案。（参看表 6.2 中的比较。）在处理当下与遥远未来的权衡交替时，有时

表 6.2　GAMS 和 EXCEL 解的对比

	GAMS 结果占 EXCEL 结果的百分比	
	基点情况	帕累托最优情况
全球平均温度升高，2105 年	101.6	101.1
全球平均温度升高，2305 年	99.8	100.0
美国人均收入，2105 年与 1995 年的比率	97.9	97.8
低收入国家人均收入，2105 年与 1995 年的比例	102.3	102.2
世界工业碳排放量，2105 年	100.4	100.2
碳税，2015 年	NA	124.0
碳税，2105 年	NA	100.7
消费的现值，世界	110.6	110.6
政策的总经济影响	NA	118.3

间变动加权的根岸隆法将接近于最优值，因为未来环境危害的计算要求跨地区的总和（因此，低估可以在某种程度上抵消贴现的高估），而且因为地区贴现率一直是收敛的。正如以下讨论的，有时间变动加权的根岸隆法有一个优点，即没有潜藏在排放交易中的计算失误，因为在各个地区贴现率是相等的。

　　在解释解出 RICE-99 的 EXCEL 和 GAMS 方法时，应该注意经济影响全球计算中的差别，这是因为处理交易与贴现率的不同。EXCEL 版用了地区不同的贴现率来贴现每个地区政策的成本与收益，而 GAMS 版本用了对所有地区共同的贴现率。不同的贴现率在 EXCEL 版本中计算全球影响时，会出现问题，特别是在有交易发生时。这种困难的产生是因为不同地区消费单位的现值是不相等的。因此，如果一单位产出从高收入国家（有低贴现率）转换到低收入国家（有高贴现率）时，全球收入的现值就降低了。在涉及有排放交易的地区大量交易时，这些困难最有可能引起问题。应该注意，由于在 GAMS 版本中贴现率是相同的，这个问题就不会产生。

DICE

解 DICE 相当容易，因为 DICE 中只有一个地区——全球。在 GAMS 版本中解这个模型时，我们简单地设定这一个地区的福利最大化，各种限制条件都适用。这里没有用哪一种贴现率的问题，因此，不会产生防碍找到一个准确而一致的解决方案的问题。在电子表格版本中，可以用同样的方式得出对 RICE-99 的解，但它们用的时间更少。在 DICE 中，还可以有用 EXCEL 的选择，求解者可以通过福利最大化，用 GAMS 中的同样解法来解，因为一个地区模型通常会小到足以使求解者控制。我们给求解者的经验是，它往往会收敛到最优值。

GAMS 与 EXCEL

可供选择的解法往往有不同的优点与缺点。

对使用者的友善

EXCEL 空白表格程序对使用者更友善。它在模型编制者前展现出完全模型结构，使他非常容易了解他将做什么，并能看到参数或控制变量变动的结果。使用者可以简单地改变参数、税率等，并立即看出变化的结果。采用 GAMS，要看出一项政策变动的结果，使用者需要再次运行程序，而且 GAMS 程序的性质是，即使程序极小的变动也容易引入不可预期的错误。虽然可以把 GAMS 程序的输出设置为显示模型结构的形式，但这要求在每次运算程序时进行剪切和粘贴。

模型结果

EXCEL 主工作簿本身为使用者提供了大量的输出，并且链接到主工作簿的输出工作表格允许使用者从模型输出快速创建各种表格、图形和其他变量。模型使用者希望得到的其他变量，可以几秒钟内在电子表格上创建出来。有了 GAMS 编程，你可以编程以产生所需的输出，但它需要一些经验来了解自己所需的输出是什么。要检查更改的结果，必须返回，并再次运行该程序。使用者可以通过把 GAMS 输出结果粘贴到电子表格中，或将其读入程序来自动化该过程，但这个过程比使用 EXCEL 表格要复杂得多。

解的准确性

在 RICE-99 和 DICE-99 模型中，对于我们所考虑的试验，

EXCEL 和 GAMS 对于要解决的问题，都得出了卓越的和准确的解（在程序的公差限度内），尽管每一个都有上述与贴现率相关的缺点。在 DICE 中的浓度限制一项，GAMS 的准确度明显优于 EXCEL 表格程序。

解的时间

假设使用者在 EXCEL 中合理地使用起始值，则两种程序在求解的时间方面并没有重大差别。根据我们的试验，在 500 mhz 的机器解出全部 RICE-99 模型需要 15—30 分钟，具体取决于解的情况。

如果使用者只需要部分解（例如，满足于储蓄率保持不变，但要在这些比率不变时，找到一个帕累托最优碳税和霍特林租金），那么，EXCEL 电子表格就比 GAMS 编程具有更大的优势，让使用者选择只解有兴趣的子问题。在 EXCEL 电子表格中找出最优储蓄率是所有子问题中花费时间最长的；但在一种情况下，储蓄率结果与另一种情况的最优率几乎无差别。因此，由于使用者通常可以省去解决方案中最耗时的部分，实际上 EXCEL 电子表格就是最快的选择。对于表 6.1 中的第（1）—（4）列的情况，当在 EXCEL 工作表中使储蓄率不变时，求解的时间从 1 到 15 分钟不等。

如果使用者有一份明确的储蓄率和碳税时间表，一旦输入控制变量，EXCEL 电子表格将提供一份几乎是即时得出的结果。

给使用者的总结性建议

为了检验可供选择的结构、假设或政策，使用者也许有意愿更改 RICE 或者 DICE 模型。已获证明的是，无论用 EXCEL 还是 GAMS 版本，更改 DICE 模型都是相对比较容易的，而 RICE 模型一般更为困难。哪一个版本应被采用，取决于更改的类型以及使用者的编程背景。以下是对潜在使用者的指导：

1. 学生和第一次建模的人会发现，EXCEL 版本更容易使用。

2. 在 EXCEL 中更容易检验不同参数值的结果，而在 GAMS 中改变参数值要求重新编程，并进行新的运算。

3. 模型结构中微小的变化是特别需要被重视的。它们包括在 GAMS 中添加或更改计算机代码，或在 EXCEL 中，输入公式、更改公式、添加或删除电子表格行以及变更解的宏。由于模型中有八个区域，每一个区域的结构可能都需要变动，求解模型的宏经常需要更改。尤其是当需要从电子表格中增加或删除行的时候，因为由电子表格的代码的透明度较低，对电子表格的结构进行重新编程很可能比重新编 GAMS 程序中的结构更困难。

4. 模型结构的重大变化将改变模型解的平衡条件或者其数学解释。在这种情况下，GAMS 编程一般是遵循某种路径的。对 EXCEL 表格进行重新编程以便解决模型的问题，可能是困难的或行不通的，特别是因为其要求使用者有条理地写出解决方案的相关条件。

第二编

RICE 模型的政策应用

POLICY APPLICATIONS OF THE RICE MODEL

第 7 章
有效的气候变化政策

本书第一编展开了对 DICE-99 和 RICE-99 模型的详细介绍。本研究的其余部分，阐述把这些模型运用于气候变化政策的主要问题。本章将确定气候变化政策的多种替代方法，并研究这些的替代方法的相对效率。下一章将分析目前应对气候变化的政策方法——《京都议定书》。

气候变化政策的替代方法

本书用综合评估（IA）模型来评估气候变化政策的替代方法的经济和环境影响。使用 IA 模型的优点是，可以同时分析整个体系，这就是说，可以整体分析替代政策对环境和经济的影响，这可使我们以更准确的形式理解所涉及的权衡。

虽然有一系列的令人困惑的潜在温室效应解决方案，但我们已将它们组织成为表 7.1 中所示的八个主要政策。可以分为四大类：无所作为（政策 1），最优策略及其变形（政策 2 与政策 3），对环境变量的任意限制（政策 4—7），重大的技术突破（政策 8）。本章将讨论这些不同政策的相对优缺点。

我们需要设计经济上有效的政策，以便以最低成本的方式实现环境目标。有四种可供检验的效率标准：方法效率，即地效率，即时效率，以及原因效率。

表 7.1   RICE-99 和 DICE-99 模型中分析的可供选择的政策

---

1. **无控制（基线）**。没有采取减缓温室效应的策略。
2. **最优政策**。排放和碳价格确定为帕累托最优水平。
3. **最优政策推迟 10 年**。最优政策推迟 10 年执行。
4. **稳定高收入地区排放（《京都议定书》）**。附录 1 的地区把它们的排放在 1990 年水平上减少 5%，允许在附录 1 地区之间进行交易。
5. **稳定全球排放**。把全球排放稳定在 1990 年的水平上。
6. **浓度稳定**。把浓度稳定在前工业社会的两倍。
7. **气候稳定**。把气温升高限定为（a）2.5℃或者（b）1.5℃的一组政策。
8. **地球工程**。实施无成本地抵消温室效应的地球工程方案。

• **方法效率**是指在某一年或某个地区采用有效的方法实现减排。目前的研究假设，个别区域可以通过内部拍卖排放许可证（或者通过统一的碳税）提升方法效率。

• **即地效率**是指跨区域分配减排量，以便最大限度地实现某一年全球减排目标成本。唯一的贸易集团是整个世界，这对于 7.1 中除第 4 项之外所有政策都适用，将是即地有效的 [1]。而像《京都议定书》这样的政策中，如果有一个以上的贸易集团进行有限的贸易，则将导致丧失部分贸易收益。

• **即时效率**指一定时期内排放的有效分配。看重即时效率的政策寻求根据政策的环境目标，以及在各个地区间减排的分配，使减排成本的现值降至最低的排放路径。政策 2、6 和 7 寻求减排的有效时机。政策 4 与 5 则不限全球排放的时间路径；因为它们不试图优化时间安排，所以它们不存在即时效率。

• **原因效率**指实现计划的最终目标，这是一组平衡减排的成本与减少损害的收益的政策。政策 2 中的最优方案满足了原因效率，从而可以作为区别原因效率与其他方案的基准。政策 4、5、6 和 7 的环境目标是任意选择的，因此这些政策并不在意原因效率。

对不同政策的详细说明

无控制（基线）

第一种做法是不采取减缓或扭转温室效应的政策。个人和企业可以适应不断变化的气候，但假设政府不采取任何遏制温室气体排放，或将温室效应内部化的措施。在 1999 年，这类政策在很

---

[1]　如果全世界采用同样的碳税，那么在每个地区减排的边际成本就是相同的。如果有两个标准不同的贸易集团，减排的边际成本将在一个地区高，而在另一个地区低。

大程度上一直为各国所遵循。

最优政策

第二种情况是采用减缓气候变化的经济上有效或"最优"的政策。更确切地说，这类政策为世界碳税（以及全球工业排放）找到了一条帕累托最优轨迹，即平衡当前减排成本与未来碳减排的环境效益，以一种收入中性的方法在各个国家之间分配许可证。（回想一下，收入中性的许可证分配，是指授予每个地区许可证使其排放量等于它在碳税均衡时的排放量。）

最优状态同时满足即地效率、即时效率与原因效率。即地效率是由全世界是一个贸易集团这一事实来保证的。即时效率与原因效率的碳税是通过将其设定为等于碳的环境影子价格来确定的。

我要多说一句来解释最优状态。此处并不是指会有一位倡导环保的权威突然出现，为所有人提供需要严格遵守的绝对正确的政策准则。最优策略只是作为政策的基准来确定替代方法的有效性或无效性的。

最优政策推迟 10 年

这种情况是指最优政策将推迟 10 年实行。这种政策可能会更合理，各国可估算推迟实施政策的成本和收益，直到对全球变暖的了解更加可靠。在这种情况下，我们假设各国会在 2000—2009 年掌握足够多的信息，并开始采取最佳行动。

《京都议定书》

目前的许多政策提案都是涉及稳定排放这类中间目标的。例如，1997 年 12 月的《京都议定书》的设计，旨在限制附件一国家（基本上是经合组织欧洲成员国加上东欧和原属苏联的大部分国家）的排放量。该议定书认为："附件一中所列缔约方应个别地或共同地确保温室气体的人为二氧化碳排放总量……不超过它们的分配数量……以使其在 2008 年到 2012 年承诺期内，将这类气体的全部排放量从 1990 年水平至少减少 5%。"换句话来说，附件一中所列国家在 2008—2012 年期间，温室气体的全部排放量将比 1990 年水平平均减少 5%。

执行《京都议定书》有许多方法。下一章将详细分析《京都议定书》，这一章只着眼于其基本的设计。基本框架假设附件一所列国家的排放限制是无限地不变的（"永久的《京都议定书》"），而且允许在附件一区域之内交易排放权（附件一区域交易）。按协定书的规定，向附件一区域发放排放许可证。在 RICE-99 中，附件一区域由美国、其他高收入国家和地区、经合组织欧洲成员国和俄罗斯及东欧国家组成。[1]

在这种情况下，非附件一区域不限制排放（非附件一区域碳税 = 0）。

---

[1]　RICE-99 附件一区域与实际附件一区域并不准确地对应，因为其他高收入国家和地区包括了一些实际附件一没有包括的区域。第 4 种情况中的排放限制和许可证分配，与第 8 章的情况中，几乎都是按比例增加的。

稳定全球排放

　　《京都议定书》关注的只是高收入国家和地区的排放。而修订后的《京都议定书》会包括所有国家和地区。对这种政策，我们假设从 2005 年开始，全球工业排放限制在 1990 年的水平，而且减排在全世界有效地分布（即在所有地区碳税是相同的）。如政策 2 与 3 所述，许可证的分配使得所有地区净许可证收益为零。在 RICE-99 中，全球参考的工业 CO_2 排放估计在 1990—1999 年间平均每年为 6.19 GtC。我们估计，1990 年的排放是第一时期排放的 0.916 倍。因此，根据这项政策，全球 CO_2 工业排放限定于每年 5.67 GtC。（这些排放量不包括土地用途改变带来的排放，在 1990—1999 年间，估计每年排放量为 1.13 GtC。）注意，这项政策比《京都议定书》更严格，《京都议定书》只限制高收入国家和地区的排放，并不限制发展中国家和地区的排放。

浓度稳定

　　稳定大气中 CO_2 的浓度是一种备受关注的方法。这类政策的理由有二：第一，引起有害且危险的气候变化的是碳浓度，而不是碳排放。第二，CO_2 浓度与 CO_2 排放量密切相关，原则上受政策的控制。《联合国气候变化框架公约》中，浓度是特别确定的，"本公约的最终目标……是将大气中的温室气体含量稳定在一定水平，防止人为活动对气候系统造成危险的干扰"。[1] 虽然文中没有确定危

---

[1] 《联合国气候变化框架公约》第 2 条。

险水平，但一些科学家认为，谨慎的政策应该把 CO_2 浓度限定在其前工业社会水平的两倍以内。这通常被认为是一个临界值，即大气中的 CO_2 为一百万分之 560，或大气中约有 1190 GtC 的碳。

在政策 6 中，我们把大气中碳浓度限定为 1190 GtC，或更少，并解决了帕累托最优碳税轨迹受其限制的问题。正如政策 2、3 和 5 所述，整个世界是一个拥有收入中性许可证分配的贸易集团。

气候稳定

更加雄心勃勃的方法是采取措施减缓或稳定全球气温的上升，以防止重大的生态影响和其他危害。这种方法特别有趣，因为它侧重于一个更接近实际关注的领域——气候变化，而不像其他政策（如排放或浓度稳定），后者侧重于没有内在关注的中间变量。

有许多关于设置气候变化"可忍受的窗口"的建议。[1] 在政策 7a 中，我们把全球平均气温限定于上升 2.5 ℃。这是 IPCC 关于大气中的二氧化碳加倍相关的均衡温度增加的主要估算结果（IPCC 1996a）。在 RICE-99 的基点情况下，这一增幅将在 22 世纪的前十年中达到。在政策 7b 中，我们把温度增幅限定为 1.5 ℃。在这两种情况下，我们都求解了在温度保持在上限以下的情况下成本最小化的排放轨迹，而且我们再次假设该计划是通过协调一致的碳税或收入中性的许可证分配得以实施。对限制温度变化率还有其

---

[1]　有关最近的讨论，参看托特等（1998），该研究计算了排放轨迹，该轨迹使气候安全地处于引发温盐循环变化的温度轨道以下。所有运行的 RICE-99 都远低于触发轨迹。

他建议。实际上，建议的变化率限制，并不受这里研究的两种限制的约束，因此，可以忽略变化率限制。

政策 2、3、5、6 和 7 都分配排放许可证，以便每一个地区都能将许可证收益作为自己的收入。正如在第 2 章第 5 节中解释的，这些政策可以看作是统一协调的碳税，一次性回收区域内的税收收入。

地球工程

有一类激进的技术选择是地球工程，包括抵消温室效应影响的大规模地球工程。这些技术包括向大气中注入微粒，以增加阳光的反向散射，并刺激海洋的碳吸收。美国国家科学院 1992 年的报告对这种方法进行了最仔细的调查，得出的结论是："也许这种分析令人惊喜的结果之一，是可以以比较低的成本，实施一些地球工程。"[1]

他们的计算假设，地球工程是无成本的。目前的发现表明，一些地球工程选择，以低于每吨碳 10 美元的成本就可以得以实施，或者具有等同于全球平均排放量减少 1 吨碳的辐射效应。应该强调的是，许多生态学家和环保主义者对地球工程的环境影响持严重保留意见。而且，关于地理工程对气候的影响的研究也不够。尽管如此，鉴于其他缓解战略的高成本，这种方案可作为基准来确定温室效应和对抗气候变暖政策的总体经济影响。

---

[1] 美国国家科学院（1992），第 460 页。美国国家科学院的报告说明了可以以低于每吨碳 10 美元的成本无限抵消温室气体。辐射强迫提供了理论上许多选择的可能性。[参看：美国国家科学院（1992），第 28 章。]

主要结果

这一节展示用 EXCEL 版本得出的 DICE-99 和 RICE-99 模型的结果。

总体结果

首先，总结上述场景的总体结果。表 7.2 和图 7.1 显示了 RICE-99 和 DICE-99，以及初始 DICE 模型的不同运算结果。这里使用的净经济影响的定义是：政策的**净经济影响**是，根据该政策各个地区的消费现值减去基本情况下的消费现值的总和。现值采用基点情况贴现因子计算。

RICE-99 模型发现，最优政策产生的净经济收益为 1980 亿美元。这是所有地区收益的现值，贴现回 1995 年。RICE-99 模型的结果集中在表 7.2 中展示，我们看到，最优政策推迟 10 年会导致 60 亿美元的小规模净损失。这个重要的结果说明，假设在未来适当地采取行动，等待和收集更多信息的损失是较小的。

下一组政策涉及排放限制。根据理论，可以预期这些政策是比较低效的，因为它们确定的目标是不适用的变量。排放是不适用的政策工具，因为它们并不涉及任何本质问题；它们是连接经济活动与关注的最终变量的中间变量，而关注的最终变量是气候变化的危害。在 RICE-99 中，一项将全球排放量限制在 1990 年水平的政策对 RICE-99 造成了三万亿美元的折扣损失。存在附件一地区贸易的《京都议定书》的影响相对较小（损失较少），因为 RICE-99 预测附件一区域的排放较低；这也意味着，《京都议定书》的环境收益较小。（这一点将在下面展开讨论。)《京都议定书》规定的排放、浓度和气温升幅都与基本政策十分接近，因为它对全球排放的影响较小。

表 7.2　净经济影响（1990 年币值的 10 亿美元）

	RICE-99	DICE-99	旧有的 DICE
基点情况	0	0	0
最优政策			
1995 年的政策	198	254	283
2005 年的政策	192	246	254
限制排放			
全球稳定	−3021	−5705	−7394
《京都议定书》(a)	−120	NA	NA
限制浓度			
CO_2 加倍	−684	−1890	NA
限制温度			
增加 2.5℃	−2414	−4396	NA
增加 1.5℃	−26555	−20931	−42867
地球工程 (b)	3901	2775	5859

说明：旧有的 DICE 的数据来源：诺德豪斯（1994b），第 5 章表 5.1。
（a）附件一交易。
（b）假设气候变化危害为零时实施。

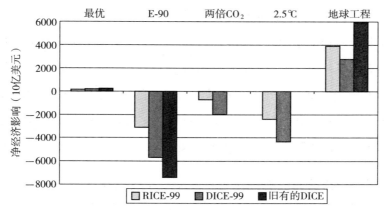

图 7.1　全球净经济影响

　　把 CO_2 浓度限定于前工业社会水平两倍的政策有不利的净经济影响，净损失为 0.7 万亿美元。把温度限定于 2.5℃的政策有极高的成本。净经济影响的现值为 2.5 万亿美元左右。

　　最后，可直观地看出，实际上以零成本消除大气中的碳，或者使气候变化危害中性化的地球工程选择有较高的正现值。RICE-99 的估算显示，其价值几近 4 万亿美元。这给了我们一个在基本政策中衡量气候变化造成的危害的标准。[1]

---

[1]　在 RICE-99 中实施无成本的地球工程政策有两种潜在的方法。第一，我们可以追求的是确定方程式（2.16）中的危害系数 $\theta_{1,J}$ 和 $\theta_{2,J}$ 为零。这就对应于目标在于准确抵消温室气体浓度的地球工程政策。第二种方法是优化全球气温平均值的变量。在这种可供选择的做法之下，用无成本排放（正或负）来实现给予最高消费贴现值的温度路径。这第二种方法结果带来了 RICE-99 实施的困难，但通过用 DICE-99，我们估算出，最优气候会有比这里提出的估算高 1.7 万亿美元的现值。虽然最优政策目标是一种有吸引力的方法，但它要求一种比我们当下拥有的关于其影响的认知更深入的了解，因此，我们的目标是更为适度地抵消气候变化。

　　表 7.3 显示了在 RICE-99 中不同政策成本、危害和净收益的
细目。**减排成本**定义为假设政策对全球平均温度路径没有任何影
响，在基点时，消费的现值与有政策情况下现值之间的差额。政
策的环境收益是减排成本和净经济影响的总和。显而易见的是，
成功的气候变化政策有适当的潜在收益。减缓气候变化所造成的
损失，从最优政策的现值 3000 亿美元，到更为雄心勃勃的减排计

表 7.3   不同政策的减排成本与环境收益（1990 年币值的 10 亿美元）

	减排成本	环境收益	净经济影响	收益-成本比率
基点	0	0	0	NA
最优				
1995 年政策	−98	296	198	3.02
2005 年政策	−92	283	192	3.08
限制排放				
全球稳定	−4533	1512	−3021	0.33
《京都议定书》	217	96	−120	0.44
限制浓度				
CO_2 加倍	−1365	681	−684	0.50
限制温度				
增加 2.5℃	−3553	1139	−2414	0.32
增加 1.5℃	−28939	2383	−26556	0.08
地球工程	0	3901	3901	NA

划中的 15 亿美元不等。但生产成本的增加也是相当大的。最优减排政策将产生 980 亿美元的减排成本，而稳定全球排放，或把气温升高限定在 2.5℃这样的低效政策，产生的现值成本在 3.5 万亿美元到 4.5 万亿美元之间。

表 7.3 的最后一栏说明了不同政策的收益-成本比率。最优政策通过了收益-成本检验，收益-成本比率为 3.0。与此相反，无效率的计划其收益-成本比率在 0.08—0.5 之间。在判断这些比率时，应该记住，我们假设这些政策被有效实施了。如果出现了无效的实施（比如说，通过许可证分配、排除，无效的税收或者地区被豁免），那么，成本就会上升，甚至最优政策的收益-成本比率也会很快低于 1。

表 7.4 显示了不同地区不同政策净经济影响的细目。在分析地区影响时，我们假设排放许可证收益中性分配，或者正如前两节中所解释的，除了《京都议定书》的每一种情况都是零净许可证收益。这个假设对气候变化政策的成本与收益的地区分配是重要的。

在一种政策下，有些地区在某种程度上可能有较高的减排量或者从适当的气候变化中受益（这种情况容易出现在俄罗斯及东欧国家和地区），然而政策调整也可能会引起经济亏损。

从气候政策中获益的主要地区是经合组织欧洲成员国，它从所有政策中受益，即使是那些全球范围内成本很高的政策。在最优情况下，经合组织欧洲成员国获得的收益超过净收益的五分之三。这主要是因为这些国家和地区对气候变化高度敏感，有低的

表 7.4　政策的净经济影响（与基点的差别，1990 年币值的 10 亿美元）

	最优	限定为 1990 年排放	限制两倍 CO_2 浓度	限定气温上升为 2.5 ℃	地球工程
美　　　国	22	−946	−305	−885	82
其他高收入国家和地区	26	−139	−6	−131	−391
欧　　　洲	126	258	162	121	1943
俄罗斯及东欧国家和地区	−9	−359	−64	−191	−110
中等收入国家和地区	19	−300	−103	−304	620
中低收入国家和地区	5	−512	−122	−341	549
中　　　国	−10	−425	−74	−226	−21
低收入国家和地区	20	−597	−174	−458	1228
附件一国家	164	−1187	−212	−1085	1524
ROW	34	−1834	−472	−1329	2377
世界	198	−3021	−684	−2414	3901

贴现率，以及在零净许可证收益的政策下，其支付的减排成本微不足道。而有高碳含量、高贴现率和对全球变暖低脆弱度的地区（例如东欧和中国）在最优情况下有负的净影响。注意，如果有排放许可证的交易，实际上任何地区的成本与收益再分配，会通过初始许可证交易成为可能。为了简化说明与计算，目前的版本中并没有这样做。

　　表 7.4 中的最后一列展示了地球工程的净影响：这接近于在基

点情况下的净气候危害。有趣的结果是，地球工程的主要收益归于经合组织欧洲成员国。正如在第 4 章中说明的，俄罗斯、中国和加拿大会从在基点情况中发现的那种适度气候变化中受益，而地球工程会为其带来负收益。

地球工程的结果与其他政策的结果之间的差别如此显著，这表明我们应该更认真地分析地球工程。

排放控制与碳税

表 7.5 和图 7.2 以及图 7.3 显示了在不同政策下碳税或许可证的价格。在这里的分析运算中，价格在国际上是协调一致的；在实际中，这既可以通过协调一致的碳税来实现，也可以通过一种

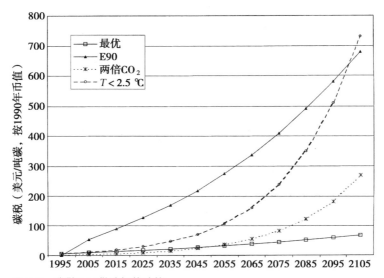

图 7.2　碳税：可供选择的政策

表 7.5　可供选择政策中的碳税（美元／吨碳，按 1990 年币值）

	1995	2005	2015	2025	2035	2045	2055	2065	2075	2085	2095	2105
最优	5.90	9.13	12.71	16.72	21.16	26.12	31.64	37.73	44.38	51.55	59.20	67.39
推迟最优	0.00	9.15	12.73	16.73	21.17	26.12	31.64	37.72	44.37	51.54	59.18	67.37
限定于 1990 年排放	0.00	52.48	89.69	128.03	169.62	217.89	273.65	337.45	409.67	490.60	580.45	679.32
限定于 2 倍 CO_2 浓度	2.15	3.81	6.28	9.98	15.54	23.87	36.32	54.76	81.92	121.75	180.31	267.69
限定温度	6.73	11.79	19.20	30.27	46.71	71.19	107.44	160.74	238.35	350.28	509.65	732.03

可交易的排放许可证制度来实现。最优政策的第一阶段（1990—1999 年），碳税为每公吨碳 6 美元。未来几年的最佳增税幅度，2015 年达到每吨 13 美元，2050 年达到每吨 29 美元，2100 年达到每吨 63 美元。作为参考，每吨 10 美元碳税会使每净吨煤价格提高 5.5 美元——约为现在美国坑口煤价的 30%。此外，每吨 10 美元的碳税将使汽油价格每加仑提高 2 美分左右。

　　最优政策推迟 10 年的情况（未显示）在第一阶段的碳税为零。但实际上，这与最优政策没有区别。一个未设限制的政策当然是零碳税的。全球稳定的排放政策大幅提高了碳税，在 21 世纪中叶，碳税达到每吨 200 美元。稳定 CO_2 浓度和温度政策的初始

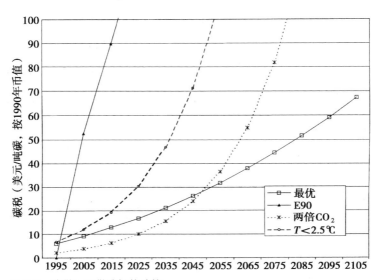

图 7.3　碳税：可供选择的政策

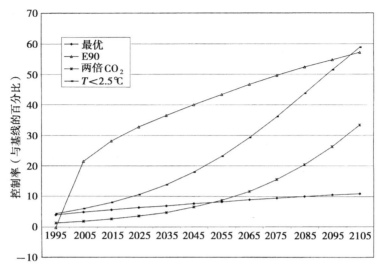

图 7.4　排放控制率：可供选择的政策

碳税也接近于最优政策的碳税，但在未来一些年中，它们会急剧上升。实现这些目标的最优政策是把高碳税推迟到未来；减少未来排放是实现这些目标更为经济有效的方法，这既是因为在现值意义上此做法成本较低，也是因为当目标成为约束性限制时，许多目前的排放已经从大气中消除了。

表 7.6 和图 7.4 显示了不同政策的 CO_2 控制率，说明了温室气体排放低于其参考水平的程度。在最优政策中，减排率从约 4% 的低排放率开始，并在 21 世纪缓慢攀升，到 2100 年达到基线排放的 11% 左右。三种环境政策（限制排放、限制浓度与限制温度）开始时，有较低的排放控制率，但到 21 世纪末，排放控制率就迅速上升到 33%—59%。

　　图 7.5 显示了最优政策中的地区控制率。一个有趣的特点是，控制率分为两大类：高收入地区的控制率和低收入经济体与转型经济体的控制率。后者的控制率一般是高收入地区控制率的两倍多。出现这种差别的原因是，高收入国家和地区一般对能源征收高额的税，而在低收入国家和地区往往对其进行补贴，因此，低税收地区的排放成本较低。有趣的是，要注意这种情形正好与《京都议定书》的规定**相反**，《京都议定书》规定在高收入的附件一国家中最先进行减排。

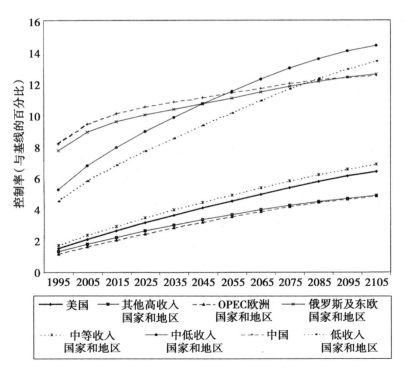

图 7.5　不同地区的最优排放控制率

表 7.6　可供选择的政策中的排放控制率（排放的减少以基线排放的百分比表示）

	1995	2005	2015	2025	2035	2045
最优政策	3.9	4.8	5.6	6.2	6.9	7.5
限定于 1990 年排放	0.0	21.6	28.2	32.8	36.5	40.1
限定于两倍 CO_2 浓度	1.3	1.9	2.5	3.5	4.7	6.4
限定于温度上升 2.5 ℃	4.2	6.0	8.0	10.5	13.8	18.0
	2055	2065	2075	2085	2095	2105
最优政策	8.2	8.8	9.4	10.0	10.5	10.9
限定于 1990 年排放	43.4	46.6	49.6	52.3	54.9	57.2
限定于两倍 CO_2 浓度	8.7	11.7	15.5	20.4	26.3	33.3
限定于温度上升 2.5 ℃	23.1	29.2	36.1	43.7	51.5	59.0

排放、浓度与气候变化

　　我们将在下文说明模型运算中的一些气候细节。表 7.7 和图 7.6 显示了总体工业 CO_2 排放量，而图 7.7 显示了不同地区的参考排放量。到 2100 年 RICE-99 中基线工业 CO_2 排放预期会以每年 13 GtC 左右的水平稳定增长。在最优政策下，2100 年排放限定于 11.5 GtC。通过比较发现，2100 年限制浓度后的排放只有 9 GtC，而到 2100 年温度限定于 2.5 ℃后的排放只有 5.8 GtC。

　　图 7.8 显示了大气中 CO_2 的浓度。从 1995 年开始，CO_2 大气浓度为 735 GtC（345 ppm[1]），到 2100 年，基线浓度上升到 1187 GtC

----

[1]　ppm 即一百万分之一。（译者注）

表 7.7　可供选择的政策中的工业 CO_2 排放量（GtC/ 年）

	1995	2005	2015	2025	2035	2045
基　点	6.2	7.2	7.9	8.4	8.9	9.5
最　优	5.9	6.9	7.5	7.9	8.3	8.7
限定于 1990 年排放	6.2	5.7	5.7	5.7	5.7	5.7
限定于两倍 CO_2 浓度	6.1	7.1	7.7	8.1	8.5	8.9
限定于温度上升 2.5 ℃	5.9	6.8	7.3	7.6	7.7	7.8
	2055	2065	2075	2085	2095	2105
基　点	10.0	10.6	11.2	11.9	12.6	13.3
最　优	9.2	9.7	10.2	10.7	11.3	11.8
限定于 1990 年排放	5.7	5.7	5.7	5.7	5.7	5.7
限定于两倍 CO_2 浓度	9.1	9.4	9.5	9.5	9.3	8.8
限定于温度上升 2.5 ℃	7.7	7.5	7.2	6.7	6.1	5.4

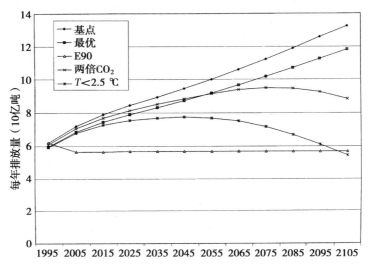

图 7.6　工业 CO_2 排放：可供选择的政策

（557 ppm）。在最优控制情况下，2100年浓度限定于1145 GtC（538 ppm）。图 7.8 中表示的和下一章讨论的《京都议定书》浓度，与基点情况极为接近。

有趣的是，RICE-99 中的排放和浓度预期，远远低于目前的预期。为了比较，IPCC（1995）考察了 90 个方案，2100 年中值预期是 22 GtC 左右。[1] 在经常引用的 IPCC IS92a 中，2100 年二氧化碳浓度是 710 ppmv[2]（1500 GtC）。另一方面，许多方案是在苏联解体前做出的，并包括了高经济增长率和低脱碳速率。有必要等到下一代研究来确定 RICE-99 中较低的排放预测是不是一种反常现象，抑或是先兆。

但在基点 RICE-99 运算中，温度趋势接近于 20 世纪 90 年代 IPCC 早期的预测。1995 年，RICE-99 的基线温度相对于 1900 年的基线温度升高 0.43 ℃，到 2100 年上升到 2.42 ℃，增加 2 ℃。这种增加与 IPCC（1996a）用的 2100 年相对于 1990 年基线变暖 2.0 ℃相比，气候敏感度为 2.5 ℃。RICE-99 预测了全球气温将升高，尽管预期的排放量低于 IPCC 的预测，因为 RICE-99 对 CO_2 加倍，采用了更高的均衡温度敏感度 2.9 ℃。

表 7.8 和图 7.9 说明了可供选择的政策对预期的全球平均气温的影响。所有运算到 21 世纪中期时，都有极为相似的温度轨迹。到 2050 年以后，相对于其他路径，排放限制方案开始起作用。实

[1] 参看 IPCC（1995），图 6.2。
[2] pmmv 指按体积计算的一百万分之一。（译者注）

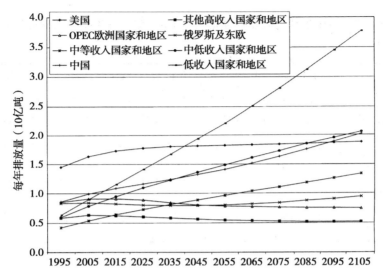

图 7.7　基点情况下不同地区的工业 CO_2 排放量

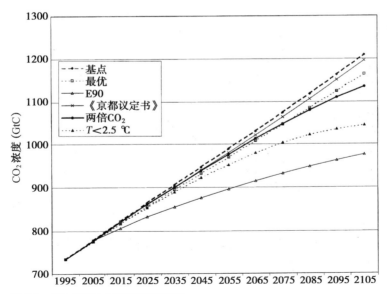

图 7.8　CO_2 浓度：可供选择的政策

表 7.8   可供选择的政策的温度（与 1900 年全球平均大气温度的差别，℃）

	1995	2005	2015	2025	2035	2045	2055	2065	2075	2085	2095	2105
基　点	0.43	0.49	0.63	0.82	1.03	1.25	1.46	1.68	1.89	2.11	2.32	2.53
最　优	0.43	0.49	0.63	0.81	1.01	1.22	1.43	1.63	1.84	2.04	2.24	2.44
限定于 1990 年排放	0.43	0.49	0.63	0.80	0.96	1.13	1.29	1.45	1.60	1.75	1.89	2.02
限定于 2 倍 CO_2 浓度	0.43	0.49	0.63	0.82	1.02	1.23	1.45	1.65	1.85	2.05	2.24	2.42
限定于温度增加 2.5 ℃	0.43	0.49	0.63	0.81	1.01	1.21	1.41	1.60	1.78	1.95	2.11	2.25

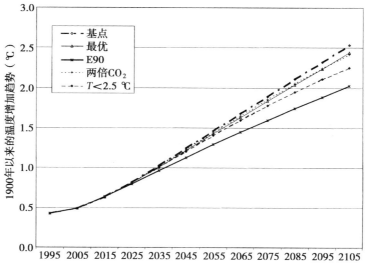

图 7.9   全球平均温度

际上所有政策令人惊讶的结果之一是，它们在 21 世纪对温度轨道的影响微不足道。最优政策使 2100 年的全球平均气温相对于基线下降了 0.09 ℃；但这些政策将在下一世纪产生更大的影响。在 2200 年，相较于基线，最优政策、浓度限制、温度限制情况下的温度降幅分别是 0.20 ℃、0.88 ℃与 1.37 ℃。

这些结果的一个使人困惑的特点是最优政策，甚至是更为雄心勃勃的政策，对浓度和温度轨道的影响不大。影响弱的第一个原因很简单。根据我们的估算，气候变暖对全球经济的影响是比较小的，在平均变暖 2.5 ℃时，全球产生的影响约为总产量的 2%。相比之下，温室气体大幅减排的成本很高。小收益与大成本的结合下，最优政策对近期温度升高只产生微不足道的影响。

另外两个因素导致了最优政策下变暖程度的下降幅度较小。

第一，在温室气体现有堆积程度和气候对温室气体增加反应滞后为既定的情况下，存在着气候变化的巨大冲力。例如，考虑把全球排放稳定在 1990 年的比率的政策——一个极为雄心勃勃的目标——要求到 21 世纪中期，把 CO_2 的排放减少到低于基线的 40% 以上，并折价减排支出 4.5 万亿美元。即使用了所有这些成本，到 2100 年全球气温也仍然要上升到略高于 1900 年 2 ℃的水平。

第二，温室气体浓度和变暖之间的关系是非线性的。根据科学研究，均衡变暖和 CO_2 浓度之间的关系接近于对数。这就意味着，CO_2 浓度从 300 ppm 变动到 315 ppm 增加均衡温度 0.205 ℃，而 CO_2 浓度从 600 ppm 到 615 ppm 增加均衡温度仅 0.104 ℃。这种

非线性关系的含义是，引起 CO_2 浓度小幅度减少的政策，对温度
轨道只有较小影响。这种结果与经济体系中几乎每一个地方都能
看到的正常收益递减相反。

其他经济变量

　　该模型还有各种完全分析所必需的其他预测，包括物理产
出（例如 CO_2 排放）以及经济价值（比如产出和消费的价值）。
图 7.10 说明了 8 个地区的人均产出，图 7.11 中说明了地区碳含量
的趋势，区域排放在图 7.7 中给予说明。

　　关于趋势，应该注意两点。第一，模型假设，在之后一些年

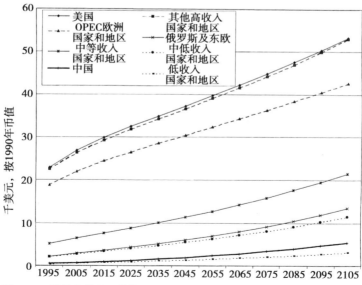

图 7.10　按基点情况运算的人均收入

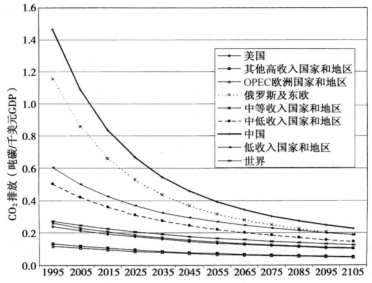

图 7.11　工业碳含量：基点情况

中，经济将持续地快速增长，这种增长会导致排放增加，但同时也提高了生活水平，并提供了应对温室效应的资源。RICE-99 模型预测的第二个重要特点是，预期高收入地区的 CO_2 排放在 21 世纪中会较为平缓。这是高收入地区脱碳加人口增长减缓共同的结果。这种趋势对《京都议定书》有重要的含义，因为它只限制高收入国家和地区。

DICE-99 与 DICE-94 的比较

最后，考察现在的 RICE-99 与 DICE-99 模型之间预测和政策的差异的程度，并把这些与初始的 DICE 模型（诺德豪斯，1994b）做一比较。尽管 DICE-99 在跟踪 RICE-99 21 世纪的重要变量方面，非常接近（参看表 5.1 和 5.2），表 7.2 说明了在一些情况下，在这个两个模型之间，政策的净经济影响差别相当大。但从两个模型中得出的政策排序是相同的。

另一个有趣的比较是，初始和现在的 DICE 版本的比较。除了远离基线的情况，在各个模型版本之间，政策的净经济影响变动极小。

在所有三个模型中，碳税在第一时期是十分接近的，在初始 DICE 模型中，最优碳税是每吨 5.53 美元，在 RICE-99 和 DICE-99 中是 5.90 美元。通过 DICE 与 RICE 模型组的演变，最优碳税结果变成最稳健的数字之一。

第8章

《京都议定书》的经济分析

上一章讨论了应对气候变化威胁广泛的可供选择的方法。这一章集中在国际协议中，即《京都议定书》中目前已经采用的方法。讨论从对议定书的说明开始，然后分析它对经济和环境结果的影响。[1]

气候变化政策和《京都议定书》

政府努力寻找可以同时满足政治选举需求又可以满足负责任的全球管理需求的政策。各国对全球变暖初始的反应是《联合国气候变化框架公约》（FCCC），该公约于1992年在里约热内卢夏季峰会上发布。根据《联合国气候变化框架公约》，附件一国家在自愿的基础上，承诺把温室气体浓度限定于1990年的水平。《联合国气候变化框架公约》开放了几乎所有最重要的问题，例如，环

---

[1]　这一章的早期版本使用在诺德豪斯和博耶（1999）发表的RICE-98模型。

境、经济，以及这种承诺的政治内容。[1]

很快，显而易见，《联合国气候变化框架公约》的自愿原则导致了各国在实际政策措施上的无所作为。而且，一些国家，特别是美国，经历了 CO_2 排放的迅速增长。这就促使倡导者们主张采取强有力的政策措施，以履行约束性承诺，从而促成 1997 年 12 月的《京都议定书》出现。《京都议定书》的关键条款是第三条，它约定，附件一国家在第一个承诺期 2008—2012 年内，把它们的温室气体排放量从 1990 年水平至少减少 5%，每个国家都面临个别的排放限制（参看第 7 章第 2 节第 4 子节）。[2]

无论是经济理论，还是历史经验都说明，允许经济主体互相交易——在这种情况下，表现为交易国家的减排许可证——可以大大降低满足总体减排目标的成本。因此美国提出了国际排放交易。交易的规定包括在第六条中："为了履行第三条的承诺的目的，附件一所列任一缔约方可以向任何其他此类缔约方转让或从它们获得减少排放单位……条件是……减少排放单位的获得应是对为履行依第三条规定的承诺而采取的本国行动的补充"这个规定给了"附件一"国家交易排放单位的权利。然而，获得的许可证将是对本国行动的补充，这一含糊而令人不安的规定一直很困扰各国。换句话说，各国只可以购买一部分减排单位，虽然在协定中并没有规定允许购买的数量。

---

[1] 关于《联合国气候变化框架公约》的充分讨论可以在网站 http：//www.unfccc.de/ 上找到。《京都议定书》的正文与讨论，也可以在那个网站上找到。
[2] 正如以下讨论的，《京都议定书》为可能的排放交易和其他合作计划打开方便之门，因此，即使实际排放超过那个限制，一个国家满足它的排放限制，也是可能的。

一项附加条款引出了从发展中国家抵消的可能性。第十二条定义了**清洁发展机制**，根据这条规定："（a）未列入附件一的缔约方将获益于产生经证明减少排放项目活动；（b）附件一所列缔约方可以利用通过此种项目活动获得的经证明的减少排放，促进遵守其量化的限制和减少排放的承诺之一部分。……每一项目活动所产生的减少排放……须根据以下各项作出证明；……与减缓气候变化相关的实际的、可测量和长期的效益；减少排放对于在没有进行经证明的项目活动的情况下产生的任何减少排放而言是额外的。"[1] 一些人把这一点解释为，对与发展中国家交易开了绿灯，但需要确保额外性，保证每一次交易都只会导致一小部分潜在交易。

除了能源使用之外，更复杂的是温室气体排放。《京都议定书》有对五种其他气体以及提高下沉潜力的规定。专家对此进行了研究，努力了解这些额外行动可能带来的潜在的抵消作用，并澄清条约中对碳汇的处理方法。

以下考虑的《京都议定书》的各种版本，对附件一地区通过在其他地方购买减排单位，减少它们自己减排成本的能力，做出了各种假设。我们假设，其他气体和碳汇是中性的。更准确地说，我们假设，每个地区其他温室气体的减少和每个地区增加的固定化碳汇，满足《京都议定书》要求的低于 1990 年工业排放量，与温室气体低于 1900 年水平的总目标相同。

---

[1]《京都议定书》的所有引文都略去了与现在分析无关的规定，例如，需要共识，以及由国际组织监控。

《京都议定书》的经济分析

我们在前几章中讨论了 RICE-99 模型的细节，现在我们讨论分析《京都议定书》所需要的 RICE-99 的修正。在本章中我们分析实施《京都议定书》的大量不同的方法，并比较在上一章中说明的有最优运算的不同方法。表 8.1 展示了这一章分析的主要运算，大部分并不要求讨论，但少数细节需要推敲。

表 8.1 《京都议定书》分析的运算

1. **参考**：没有控制
2. **最优**：根据地区和时期确定排放，以平衡减排的成本与收益
3. 《京都议定书》排放限制：
   a. 没有交易：在四个主要附件一区域之间没有交易。
   b. 经合组织交易：排放交易限于经合组织成员国。
   c. 附件一区域交易：排放交易限于附件一中的国家和地区。
   d. 全球交易：在所有地区中都可进行排放交易。
4. **成本效益基准**：
   a.（2050 年以后）将大气浓度限定在《京都议定书》案例 3 的范围内。
   b.（2100 年以后）把全球平均温度限定在《京都议定书》案例3 的范围内。

说明：这个清单说明了在分析《京都议定书》时所考察的运算。

在第 7 章中说明了参考案例（政策 1）与最优案例（政策 2）。《京都议定书》的排放限制基于 1997 年《京都议定书》中达成一致的排放许可分配，并无限地延长附件一地区的排放许可分

配——这或许可被称为"永久的《京都议定书》"。[1] 我们来分析《京都议定书》的四种变形。在第 3a 轮"禁止交易"情况下，RICE-99 的附件一四个区域之间不允许排放许可证交易，也不允许与非附件一区域进行抵消。在"经合组织交易"运行（第 3b 轮）时，只允许在经合组织地区有排放交易。[2]"附件一区域交易"情况（第 3c 轮）允许在所有附件一区域内交易。这与前一章的政策 4 一样。全球交易政策（第 3d 轮）把贸易保护伞扩大到所有地区。在这种情况下，非附件一区域获得了等于它们从第 1 轮中得出的基础排放的排放许可证，但允许这些区域出售超过它们实际排放的排放权利。每一轮运算都有严重的实施问题，但在分析中略去这些问题。

虽然《京都议定书》的排放限制案例被称为一种贸易体制，但每个区域都可以把它作为一种财政制度来实施，在这种制度下，每个贸易集团在内部统一征收碳税，而且税收收入在该贸易集团内的各个地区中共享。

应该强调的是，案例 3d 中的全球交易是《京都议定书》一种径向延伸，并包含了对非附件一国家行为的关键而有问题的假设。原则上，通过同意这种限制和交易做法，每个非附件一国家的状况会变好；它不会比简单地消费许可证更糟，而且通过减少它的低边际成本来源，并按世界价格出售许可证，它可以变好。但实

[1] 参看第 7 章第 2 节说明 RICE-99 中附件一区域的四个部分。
[2] 严格讲，这里的"经合组织"包括美国、高收入国家和经合组织欧洲成员国。这包括实际经合组织减去墨西哥、韩国、波兰、匈牙利和捷克共和国，加上新加坡、以色列、中国香港地区和少数小岛国。

际上，这个假设由于三个原因，是有问题的：（1）估算并确定适当基线排放是困难的，（2）需要确保治理结构脆弱的国家遵守，（3）这些国家存在在未来违背它们承诺的潜在可能性。

除了《京都议定书》之外，我们还提出了两种可供选择的情况，对评估不同方法的效率，也是有用的。《京都议定书》排放目标并不基于任何最终的环境目标；相反，它们可以被简易地理解为保持排放恒定的指导方针。通过考察《京都议定书》对 CO_2 排放浓度和全球温度的影响，排放目标可转化为更加有意义的环境目标。方案 4a 找到了服从于《京都议定书》暗含的浓度目标限制的帕累托最优碳税轨迹；在这一政策中，浓度被限制在与《京都议定书》暗含的 2050 年目标相同的水平。方案 4b 对全球温度采用了同样方法，在此方案中，温度被限定在与《京都议定书》暗含的 2100 年目标相同的水平。（选择这些日期是考虑到排放和两个其他目标之间的滞后。）方案 4a 和方案 4b 允许人们去查询不同的方法在实现《京都议定书》中体现的环境目标方面的成本效益如何。在方案 4a 和方案 4b 中，全世界被视作一个交易区，通过向每个区域分配与其排放量相等的排放许可证，使许可证净收益保持为零。

在从没有交易转向全球交易时，《京都议定书》的即地效率提高了。从全球交易到方案 4a，以及从方案 4a 到方案 4b 的每一步，都提高了即时效率。但正如与最优做法相比较时表明的，哪怕方案 4b 也不是原因有效的，因为这些方案并没有根据最优化来选择温度目标（参看第 7 章第 1 节对效率类型的讨论）。

主要结果

这一节介绍使用 RICE-99 分析《京都议定书》的结果。该摘要中强调了重要的结论：政策的排序、最优碳价格，以及对气候变化问题的修正观点。

环境变量

第一组结果与主要环境变量有关：排放量、浓度与全球气温升高。图 8.1 和表 8.2 显示了主要情况下全球工业 CO_2 排放量。在《京都议定书》约束之下，初期整体减排水平接近于最优方案的水平；2015 年，在附件一变体下的全球排放水平为 7.50 GtC，而最优情况是 7.45 GtC。但减排率一直在下降，因为《京都议定书》中排除了低收入国家。根据《京都议定书》，到 2105 年，排放量仍高于最优方案。初期全球减排水平接近于 RICE-99 的最优水平，这一事实意味着，有全球交易的《京都议定书》比较有效地开始，而其他实施形式则被证明是无效的，因为在不同国家之间的分配效率低下（特别是忽略了发展中国家）。

图 8.2 显示了，不同方案中预期的 CO_2 浓度的积累。在 RICE-99 的基本运算中，2100 年的浓度是 557 ppm（1187 GtC）。在最优运算中，2100 年的浓度是 538 ppm（1145 GtC），而在《京都议定书》附件一版本中，浓度是 551 ppm（1174 GtC）。《京都议定书》设定的浓度高于最佳运行浓度，这是因为它没有控制低收入地区的排放。

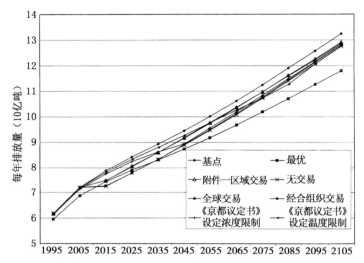

图 8.1 全球工业 CO_2 排放量

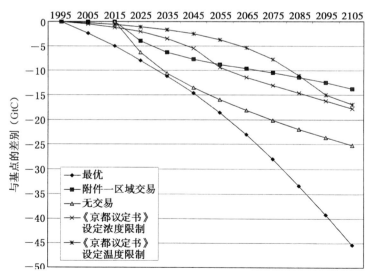

图 8.2 大气中的 CO_2 浓度

表 8.2　《京都议定书》运算中的工业碳排放

	工业碳排放，2015 年（GtC）							
	基点	最优	《京都议定书》浓度限制	《京都议定书》温度限制	全球交易	附件一区域交易	经合组织交易	无交易
美国	1.73	1.68	1.72	1.72	1.69	1.61	1.36	1.29
其他高收入国家和地区	0.62	0.61	0.62	0.62	0.61	0.59	0.51	0.52
欧洲	0.91	0.89	0.90	0.90	0.89	0.85	0.75	0.81
俄罗斯及东欧国家和地区	0.82	0.74	0.80	0.81	0.75	0.63	0.82	0.82
中等收入国家和地区	0.64	0.62	0.63	0.63	0.62	0.64	0.64	0.64
中低收入国家和地区	0.94	0.87	0.92	0.93	0.88	0.95	0.95	0.95
中国	1.08	0.97	1.05	1.07	0.98	1.08	1.08	1.08
低收入国家和地区	1.15	1.08	1.13	1.14	1.08	1.15	1.15	1.15
附件一国家	4.07	3.92	4.03	4.05	3.93	3.68	3.44	3.44
ROW	3.82	3.54	3.74	3.78	3.57	3.82	3.82	3.82
世界	7.89	7.45	7.77	7.83	7.50	7.50	7.26	7.26

	工业碳排放，2105 年（GtC）							
	基点	最优	《京都议定书》浓度限制	《京都议定书》温度限制	全球交易	附件一区域交易	经合组织交易	无交易
美国	1.87	1.75	1.83	1.83	1.84	1.71	1.54	1.29
其他高收入国家和地区	0.51	0.49	0.50	0.50	0.50	0.48	0.44	0.51
欧洲	0.75	0.71	0.74	0.73	0.74	0.70	0.64	0.75
俄罗斯及东欧国家和地区	0.94	0.83	0.91	0.90	0.91	0.79	0.95	0.95
中等收入国家和地区	1.33	1.24	1.30	1.30	1.31	1.34	1.34	1.34
中低收入国家和地区	2.05	1.76	1.97	1.96	1.97	2.07	2.08	2.08
中国	2.02	1.77	1.94	1.94	1.95	2.03	2.04	2.04
低收入国家和地区	3.77	3.26	3.62	3.60	3.63	3.80	3.80	3.80
附件一国家	4.07	3.77	3.98	3.98	4.00	3.68	3.57	3.50
ROW	9.17	8.03	8.82	8.80	8.86	9.23	9.25	9.26
世界	13.25	11.80	12.80	12.77	12.86	12.91	12.83	12.76

在任何一种交易方案下，《京都议定书》在降低 CO_2 排放浓度上没有做出多大改进。

《京都议定书》对全球温度的影响非常有限，特别是在第一个世纪（参看图 8.3）。图 8.3 说明，在附件一情况下，全球平均温度相对于 2100 年基点情况降低 0.03℃。这可以与威格利（1998）计算的《京都议定书》中 0.17℃的差异形成对比，后者以 IPCC（IS92a）估算方案作为参考。在 RICE-99 中，温度下降如此之小，是因为与 IPCC 排放方案相比，本研究预测的附件一区域排放基准面平滑（因此对排放的影响微不足道）。

总结关键结果：

1. 在《京都议定书》控制下，排放的减少是极为有限的，实际上，它们小于在最优方案下的预期。原因主要是高收入国家预计排放增长极慢，而没有在《京都议定书》控制之下的发展中国家，则有更为迅速的排放增长。

2.《京都议定书》对 CO_2 浓度和全球变暖的影响将极为有限。由于《京都议定书》政策并不是针对非附件一国家设计的，所以《京都议定书》对碳排放和全球温度的影响是极小的。

3. 在短期中，在《京都议定书》控制下，全球排放量、碳浓度和变暖幅度接近于最优政策。

经济变量

碳税。衡量气候变化政策严格程度最有用的标准之一，是政

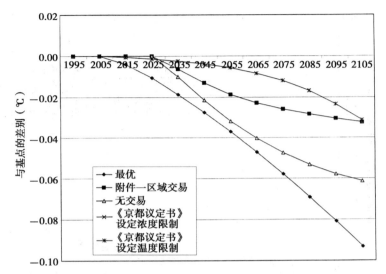

图 8.3　全球气温升高幅度

表 8.3　在不同运算中全球平均温度升高幅度的比较

	大气温度（从 1900 年以来增加，℃）		
	1995	2055	2105
基点	0.43	1.46	2.53
最优	0.43	1.43	2.44
《京都议定书》设定浓度限制	0.43	1.45	2.49
《京都议定书》设定温度限制	0.43	1.46	2.50
全球交易	0.43	1.45	2.50
附件一区域交易	0.43	1.45	2.50
经合组织交易	0.43	1.43	2.47
无交易	0.43	1.43	2.47

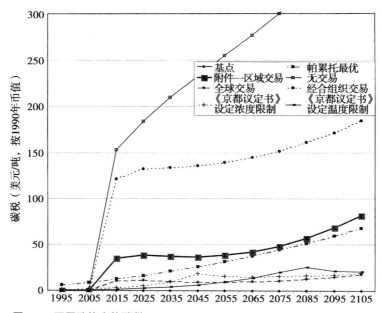

图 8.4　不同政策中的碳税

策中的碳税。表 8.4 和图 8.4 显示了主要国家（区域）的碳税。最优与全球交易情况下，有较低的碳税。在全球交易情况下，碳税 2015 年每吨 11 美元，2100 年增至每吨 16 美元左右，与我们对最优碳税的估算相比较，最优碳税 2015 年是每吨 13 美元，2100 年上升到 63 美元。该价格变动说明，《京都议定书》是以一个有效的全球减排率开始的，但随后在未来几十年中，未能促成进一步减排。

　　限制交易的政策有较高的平均碳税，地区间价格变动易引起减排的无效分配。附件一区域交易情况则是，在附件一区域大幅度提高了碳税，从 2015 年的每吨 35 美元开始，在 21 世纪末上升

表 8.4　《京都协定书》不同方法中，2015 年与 2105 年碳税比较

	基点	最优	《京都议定书》设定浓度限制	《京都议定书》设定温度限制	全球交易	附件—区域交易	经合组织交易	无交易
碳税，2015 年（美元／吨，按 1990 年币值）								
美国	0.00	12.71	4.99	1.65	11.17	34.52	121.31	152.75
其他高收入国家和地区	0.00	12.71	4.99	1.65	11.17	34.52	121.31	108.42
欧洲	0.00	12.71	4.99	1.65	11.17	34.52	121.31	69.31
俄罗斯及东欧国家和地区	0.00	12.71	4.99	1.65	11.17	34.52	0.00	0.00
中等收入国家和地区	0.00	12.71	4.99	1.65	11.17	0.00	0.00	0.00
中低收入国家和地区	0.00	12.71	4.99	1.65	11.17	0.00	0.00	0.00
中国	0.00	12.71	4.99	1.65	11.17	0.00	0.00	0.00
低收入国家和地区	0.00	12.71	4.99	1.65	11.17	0.00	0.00	0.00
附件—国家	0.00	12.71	4.99	1.65	11.17	34.52	—	—
ROW	0.00	12.71	4.99	1.65	11.17	0.00	0.00	0.00
世界	0.00	12.71	4.99	1.65	11.17	34.52	121.31	152.75

（续表）

碳税，2105 年（美元/吨，按 1990 年币值）

	基点	最优	《京都议定书》设定浓度限制	《京都议定书》设定温度限制	全球交易	附件一区域交易	经合组织交易	无交易
美国	0.00	67.39	24.57	20.53	17.63	81.61	184.33	378.01
其他高收入国家和地区	0.00	67.39	24.57	20.53	17.63	81.61	184.33	0.00
欧洲	0.00	67.39	24.57	20.53	17.63	81.61	184.33	0.00
俄罗斯及东欧国家和地区	0.00	67.39	24.57	20.53	17.63	81.61	0.00	0.00
中等收入国家和地区	0.00	67.39	24.57	20.53	17.63	0.00	0.00	0.00
中低收入国家和地区	0.00	67.39	24.57	20.53	17.63	0.00	0.00	0.00
中国	0.00	67.39	24.57	20.53	17.63	0.00	0.00	0.00
低收入国家和地区	0.00	67.39	24.57	20.53	17.63	0.00	0.00	0.00
附件一国家	0.00	67.39	24.57	20.53	17.63	81.61	—	0.00
ROW	0.00	67.39	24.57	20.53	17.63	0.00	0.00	—
世界	0.00	67.39	24.57	20.53	17.63	81.61	184.33	378.01

到每吨 82 美元。这些价格只适用于附件一区域，非附件一区域碳税是零。

俄罗斯及东欧国家在《京都议定书》的附件一版本中起了关键作用。这些国家的基础排放低于《京都议定书》的限制；这就提供了一个巨大的潜在减排池，使经合组织地区的碳税在附件 1 案例中保持在较低水平。正如表 8.4 显示的，《京都议定书》无交易版本的碳税，大大高于附件一区域有交易的案例。例如，在无交易情况下，美国 2015 年碳税是每吨 153 美元，到 2100 年上升到每吨 360 美元左右。这些数字如此之大，以至于它们在分析中表现出童话（也许是恐怖故事）的特征。例如，到 21 世纪中期，在无交易的版本中，每年美国的碳税收入就在 3000 亿美元左右。而在附件一区域有交易的情况下，在 21 世纪，美国每年可通过购买碳排放许可证，把 200 亿美元左右转移给其他地区。

整体减排成本。下一组问题涉及可供选择政策的经济影响。减排总成本的现值如图 8.5 和表 8.5 所示。减排成本的现值（不包括损害赔偿金）从全球交易情况下低到 590 亿美元，到附件一区域交易情况下的 2170 亿美元，再到无交易情况下的 8840 亿美元不等。显而易见，在控制全球变暖的政策中有巨大的利害关系。（参看关于减排成本定义的第 7 章第 3 节第 1 小节。）

有趣的是，将不同制度下的成本与满足《京都议定书》设定的温度轨迹的最低全球成本进行比较，我们估算，可以以最低 50 亿美元成本实现轨迹。与其他《京都议定书》交易计划相比，全

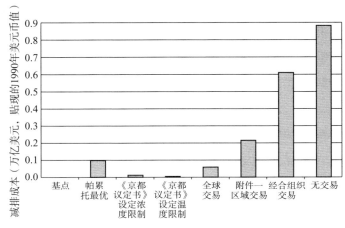

图 8.5　不同战略下的减排成本

表 8.5　不同战略下贴现的减排成本

战　略	贴现的成本（10亿美元，按1990年币值）
基点	0
最优	98
《京都议定书》	
全球交易	59
附件一区域交易	217
经合组织交易	611
无交易	884
《京都议定书》设定浓度限制	12
《京都议定书》设定温度限制	5

说明：表 8.5 显示了不同目标或不同战略贴现后的全球成本。估算值是在基线情况下贴现的消费减去在所涉及情况下贴现的现值，这里的计算不包括控制措施的环境收益。

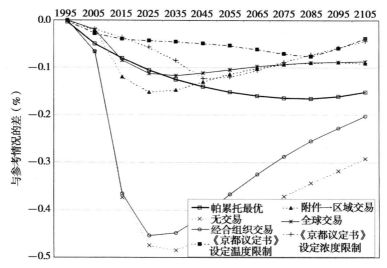

图 8.6　政策对世界 GDP 的影响

球交易方案是比较有效的，成本为最低温度路径的 12 倍。其他《京都议定书》排放限制方案，成本为最低温度路径的 43 倍到 177 倍之间。注意，只在经合组织成员国范围内贸易的收益是比较小的；附件一区域交易收益大部分来自把俄罗斯和其他东欧国家置于贸易伞下。

　　图 8.6 说明不同战略对世界产出时间路径的影响。在允许大规模交易的情况下，《京都议定书》的整体影响是比较适中的，在每年收入的 0.1% 和 0.2% 之间。

　　表 8.6、表 8.7 以及图 8.7 显示了不同地区受到的经济影响。表 8.6 中的减排成本包括了排放许可证的净购买。表 8.7 中，一种政策的净经济影响等于这种政策的环境收益减减排成本（进一步

表 8.6 不同政策下不同地区的减排成本（10 亿美元，按 1990 年币值）

	基点	最优	《京都议定书》设定浓度限制	《京都议定书》设定温度限制	全球交易	附件一区域交易	经合组织交易	无交易
美国	0	15	1	0	91	325	710	852
其他高收入国家和地区	0	1	-1	-1	7	24	16	39
欧洲（不含东欧）	0	1	-1	-1	0	-5	-93	15
东欧	0	12	2	1	-28	-112	-2	-2
中等收入国家和地区	0	5	0	0	-2	-3	-4	-4
中低收入国家和地区	0	23	4	3	-2	-4	-5	-5
中国	0	14	2	0	-4	-3	-4	-4
低收入国家和地区	0	27	5	3	-2	-5	-7	-8
附件一国家	0	29	1	-1	70	232	630	905
ROW	0	69	11	7	-11	-15	-20	-21
世界	0	98	12	5	59	217	611	884

说明：表 8.6 显示了不同目标或控制战略贴现的全球成本。估算值是基点情况贴现的消费，减去所涉案例贴现的消费。这里计算不包括控制措施的环境收益。许可证交易的收益暗含在计算中。

表 8.7　不同政策、不同地区的净经济影响（10 亿美元，按 1990 年币值）

	基点	最优	《京都议定书》设定浓度限制	《京都议定书》设定温度限制	全球交易	附件一区域交易	经合组织交易	无交易
美国	0	22	12	10	-78	-313	-692	-833
其他高收入国家和地区	0	26	10	9	3	-15	-2	-26
欧洲	0	126	47	36	47	46	161	54
东欧	0	-9	-1	0	29	113	3	3
中等收入国家和地区	0	19	8	7	11	11	17	18
中低收入国家和地区	0	5	6	5	13	13	20	21
中国	0	-10	0	1	5	4	6	6
低收入国家和地区	0	20	12	9	19	21	32	34
附件 1 国家	0	164	69	56	0	-170	-530	-801
ROW	0	34	26	21	48	49	75	78
世界	0	198	95	77	49	-121	-455	-723

说明：表 8.7 显示了不同目标或控制战略对不同地区的总影响，包括了环境收益与排放许可证的净销售额。估算值是所涉及案例消费的现值与基点消费现值之差。正值反映了净收益，而负值反映了净成本。

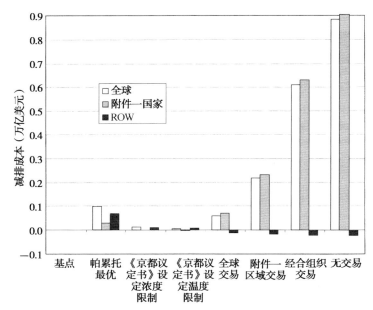

图 8.7　可供选择战略的地区影响

说明，参看第 7 章第 3 节第 1 小节)。

　　表 8.6 说明了为什么美国对《京都议定书》最不满，根据该协定书，它的成本超过附件一的全球总成本。美国的贴现成本为 3250 亿美元，而世界其他国家有净收益（主要通过许可证销售）1080 亿美元。在《京都议定书》的任何一个版本中，经合组织欧洲会员国、其他高收入国家和地区几乎没有净减排成本。《京都议定书》给美国带来高成本，是因为预测美国 CO_2 排放比其他地区增长迅速得多，因此控制排放量可能要支出更多（比较基础排放，参看图 7.7)。

交易与转移

在 RICE-99 计算中，许可证买卖量是比较小的，主要因为《京都议定书》的影响相对有限。在全球交易的情况下，只购买许可证的是高收入地区，2015 年其购买的许可证价值为 63 亿美元。在附件一区域交易的案例中，主要的交易发生在美国和俄罗斯及东欧国家之间；在 21 世纪，美国平均每年转移 220 亿美元。这远远小于许多其他对《京都议定书》影响的估算。[1]

通过考察许可证收益的流动，我们可以发现《京都议定书》设计中的两个主要缺点：第一，《京都议定书》把一组国家的排放封顶在历史水平上，但对非附件一国家却没有这么做。这使非附件一国家处于指定非附件一国家参考排放的另一种标准下，从而使它们与附件一国家有相当大的不同待遇。第二个且与主要设计缺点相关的，是指定历史排放。这就给无效能源制度的国家（特别是俄罗斯、东欧国家和合并后的德国）以意外之财。一种更好的做法是以流动的排放为基础，这可以消除低效率下的优势，同时也消除了非附件一国家与附件一国家的待遇差别。

经济影响总结。《京都议定书》及各种变体的总体影响是复杂的，但要强调的主要点如下：

1. 实际《京都议定书》的所有变体对美国都有重大影响。正

---

[1] 参看韦安特（1999）收集的不同估算。

如表 8.6 说明的，生产成本（不包括环境危害）的贴现值在附件一区域交易案例的 3250 亿美元到无交易案例的 8520 亿美元之间。引入全球交易可将减排成本减少三分之二，目前把它作为一种政策可能不现实。

2. 如果不包括损害，《京都议定书》的主要受益者是有许可证可出售的地区。在附件一区域交易案例中，俄罗斯及东欧国家从许可证销售中得到的现值，比它们的减排成本还多 1120 亿美元。在经合组织交易案例中，经合组织欧洲会员国是主要受益者。

3. 减排环境影响的主要受益者是欧洲。在这一章所考虑的所有试验中，经合组织欧洲会员国的净影响是正的，环境收益在 350 亿美元到 1270 亿美元范围内。

4. 交易大大减少了减排的总成本，特别是与俄罗斯这样的低收入国家的交易。但这些效率收益的对应部分是来自转移——主要从美国——虽然它们也并不像其他模型中指出的那么大。

成本与损害

当前的关注焦点主要集中在减排成本上，但应记住，减排的关键是减少未来损害。我们的估算表明，在这里所考察的任何一种情况下，全球变暖都可能导致巨大的成本；基本情况下损失的贴现值接近 4 万亿美元。

图 8.8 和表 8.8 显示了不同政策对成本和损害的影响。第二组柱显示了减少损害的贴现率。这个图说明，政策能减少的（贴

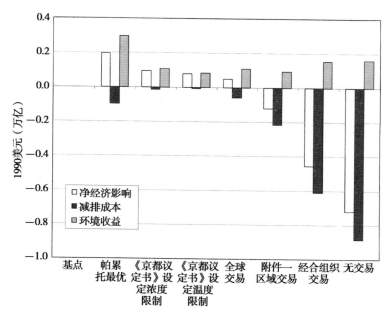

图 8.8　可供选择战略的地区影响

表 8.8　不同方法的收益、成本和收益-成本比率（成本和损失按 10 亿美元计算，1990 年币值）

	基点	最优	《京都议定书》设定浓度限制	《京都议定书》设定温度限制	全球交易	附件一区域交易	经合组织交易	无交易
减排成本	0	98	12	5	59	217	611	884
损失减少	0	296	107	83	108	96	155	161
收益-成本比	—	3.02	9.07	15.22	1.82	0.44	0.25	0.18

说明：计算表明，可供选择政策的减排成本和气候危害减少。成本和损失是以按 1990 年美元币值对 1995 年贴现的 10 亿美元为单位。

现的）损失很有限——在总损失 4 万亿美元中只能减少 1000 亿美元到 3000 亿美元。《京都议定书》能减少的最大损失是 1600 亿美元。

许多读者会对《京都议定书》对全球变暖危害的影响之小表现出惊讶。这是因为气候系统中存在的惯性相当大，以及《京都议定书》并没有限制发展中国家的排放。《京都议定书》只在某种程度上减少了 21 世纪全球气温的升高幅度的几分之一。图 8.8 和表 8.8 中显示的其他点是即地和即时无效的，大大增加了减排成本，而对收益只有微不足道的增加或没有增加。例如，从没有控制的情况变动到有附件一区域交易的《京都议定书》的情况产生的贴现减排成本达 2170 亿美元；但损失减少的贴现值只有 960 亿美元。从附件一版本变动到没有交易的版本，仅增加收益 650 亿美元，而增加的成本为 6670 亿美元。

最后，图 8.9 显示了这里考察的七种主要政策净影响的分布（包括转移与气候危害）。

从损失考察中得出的主要结论是，气候变化可能造成重大损害，但实际上《京都议定书》对缓解这种损害无所作为。

交易的收益

从交易获得收益已取得很大进展。表 8.5 表明，各种不同的选择的成本效益差别极大。我们估算，要达到《京都议定书》附件一中的浓度目标的最低成本约为 120 亿美元，达到温度目标的最

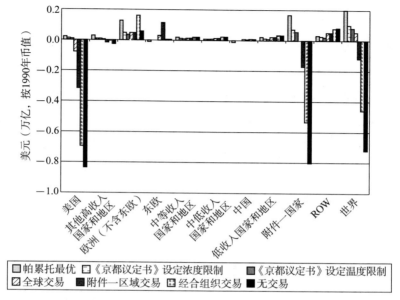

图 8.9　按地区的净经济影响

低成本约为 50 亿美元。根据这个标准，附件一版本的成本是成本效益标准的 18—43 倍，而无交易版本的成本，是成本效益标准的 74 倍到 177 倍。

《京都议定书》各种版本中，最低成本版本来自即时效率与即地效率。与全球的交易版本一样，《京都议定书》限定温度版本使减排可能出现在最小成本的地方；但《京都议定书》限定温度方案也有额外的灵活性，在减排具备成本效益的情况下，而所有《京都议定书》的案例都能任意规定减排的时间路径。即时效率占最低成本和非交易变量之间削减排成本差异的 6% 左右时；其余的 94%

由全球交易案例获得，交易收益中，81% 可通过附件一区域交易获得。

一个主要的意外是，在经合组织内的交易只得到潜在交易收益中的较小部分——33%。这种低比率的出现是因为经合组织各大区内的能源效率较为相似。

虽然以温度为目标时，直接产生了实现 RICE 中环境目标的最低成本方案，但以浓度为目标也能得到类似结果，这种政策可从即时、即地效率中获得 99% 收益。

发现与结论

本章在一个新的气候变化和世界经济综合评价模型中考察了《京都议定书》及这种政策的各种变体。在得出主要结论之前，应该强调的是，我们对结论持部分保留态度，研究这一主题是有困难的，该模型只是可用于估计《京都议定书》影响的众多模型之一。由于议定书的性质，对《京都议定书》的分析结果本质上是极其不确定的。各国的结果取决于排放量和固定历史基准的差别。增长率微小的变动会引起结果的很大不同。在碳强度不变的情况下，预测的产出增长率的变化会在未来几十年中对预测的成本和收益产生重大影响。这种不确定性反映在各个模型，甚至同一个模型不同版本的差别中。

这个分析的结论有三点。第一，《京都议定书》背后的战略并没有经济学或环境政策的基础。把一组国家的排放量冻结在一个既定水平上，与特定的浓度、温度或损害目标并没有关系，与平衡温室气体减少的成本与收益的经济导向的战略也没有关系。在《京都议定书》中暗含的排放与浓度目标，接近于最初几十年中最优政策的排放与浓度，但相较于下个世纪的有效政策，它们太低了。实现《京都议定书》目标的基本困难是，它只针对高收入国家和地区的排放，而这些可能只占全球排放很少的一部分。

第二，不同《京都议定书》变体对气候变化环境损害的控制力并没有显著的不同，但实施的成本差别却是巨大的。《京都议定书》无交易变体的成本是全球交易变体的 15 倍左右。交易的大部分收益来自包括俄罗斯、中国和印度在内的非经合组织成员国家。实现全球交易的《京都协议书》的成本是 590 亿美元，而《京都议定书》减排的收益是 1080 亿美元左右，收益—成本比率为 1.8。但附件一区域交易版本的收益—成本的比率是 0.44，而无贸易版本的这一比率是 0.18。这些估计是基于政策有效实施的乐观假设。实施战略的差异强调了一点，即政策的有效设计应该是决策者主要关注的。

最后，《京都议定书》具有重大的分配后果。附件一国家支付了协定的成本，这些成本通过减排活动，或通过购买许可证产生。这些成本的大部分由美国承担。实际上，美国是净输家，而世界其他国家，平均而言均从《京都议定书》中受益。

第9章
管理全球共同体

　　最后一章总结本书中采用的方法，并回顾主要结论。总结从分析讨论的这种新模型，以及比较这个模型与其他综合评估模型之间的差异开始，然后归纳从这种研究中得出的新发现，并对社会如何把这个或其他模型的结论用于应对全球变暖威胁所引起的棘手问题，得出一些思考。

背　景

　　全球变暖已成为今天主要的环境政策问题。全球变暖的影响日益成为自然和社会科学家研究和争论的题目。而且，1997年12月的《京都议定书》也采用了有争议的新方法来遏制全球变暖威胁。阿尔·戈尔呼吁，全球变暖是20世纪主要全球问题之一。

　　应对复杂的科学和经济问题，越来越需要开发科学与经济模型。这些模型有助于分析者和决策者弄清某些复杂的相互关系，并了解未来的结果与可供选择的政策影响。在经济文献中，20世纪90年代初，由诺德豪斯（特别参看诺德豪斯，1994b）开发的DICE模型，是气候变化经济学早期IA模型之一。这个模型开创了一种方法，把全球变暖的不同方面从头到尾联系起来。本书提出了一个新开发的模型，RICE-99，以及它的聚合同伴DICE-99。这些模型在作者和同事的早期研究基础之上，对全球变暖经济学做了全面修正。

本书的目的是，把温室气体排放和气候变化危害的内容，与当前气候变化科学动态知识，结合为一体。本书提供了方法论，以及对可供选择的气候变化政策方法的全面说明。

分析在八章中展开。第1章对这个题目进行了一般介绍。第2章提出了RICE-99模型，从文字说明开始，接下来是方程式清单。第3章说明校准模型采用的方法与数据，第4章提供了计算气候变化危害的校准。第5章提出DICE-99，并说明了它与RICE-99的关系。第6章说明如何解模型。

接下来的两章提出了主要结果和一些重要结论。第7章说明了基础方案和许多供选择的政策。第8章提供了对《京都议定书》的经济分析。附录提供了方程式清单的总结、变量清单、其他总结性表与不同模型的计算机编程代码。

模型和分析的总结

RICE/DICE-99 模型

　　这里所用的方法可以概述为，把气候变化问题作为一个经济问题来分析。通过减少当前潜在的商品与服务消费，减少未来气候变化的危害与风险。通过采取代价高昂的措施来减缓当前温室气体的排放，就减少了可以用于消费和生产性投资的经济产出。这种气候投资的收益降低了损害，从而增加了未来的消费。本书的目的是考察在气候变化政策中涉及的主要权衡方面，并评价不同政策的相对效率。

　　在 RICE-99 中，世界由大国（例如美国和中国）或大地区（如经合组织欧洲会员国或低收入国家和地区）代表的区域组成。假设每一个地区有一组对现期与未来消费十分肯定的偏好，由适用于未来几代人效用的纯时间偏好因子的地区社会福利函数来说明。假设地区受到大量经济与地球物理限制，可以使社会福利函数最大化。社会可以通过选择不同的储蓄率和不同的温室气体排放量，来选择其结果。

　　该模型既包括了在许多经济模型中可以发现的类似传统经济部门的模块，又包括了为气候变化模型编制设计的地球物理模块。在经济部门中，假设每个地区都生产一种既可用于消费又可用于投资的商品。不允许各地区交易，除非用物品交换碳排放的权利。

　　赋予每个地区初始的资本和劳动存量，以及初始的又是地区特有的技术水平。人口增长和技术变化是外生的，而资本积累是由每个地区一直以来最优的消费流量决定的。RICE-99 定义了一种称为"碳能源"的进入生产的新投入。碳能源包括来自碳燃料消费的能源服务，这里，碳燃料用碳单位来衡量。因此 CO_2 排放就是为生产目的而使用能源的共同产物。经济可以通过用资本和（或）劳动替代碳能源来减少排放。技术变化采取两种形式：经济范围的技术变化，以及节约碳的技术变化。更确切地说，经济范围的技术变化是希克斯中性的，而假设节约碳的技术变化增加了能源服务与 CO_2 排放的比率。

生产函数中，与能源相关的因素用碳排放、能源使用、能源价格和能源使用弹性的现有数据进行校准，允许经验基础上的碳减少成本函数，而大多数现在的综合评估模型都做出了合理但没有经验基础的成本表的规定。在 RICE-99 中，引进的碳供给曲线证明，增加碳能源生产的成本随着累计开采量的增加而上升。由于模型使用了最优增长框架、化石燃料有效分配的条件，这就意味着，低成本资源有稀缺租金（霍特林租金），而碳能源的稀缺租金一直在上升。

模型的环境部分包括了许多把影响气候变化的不同因素联系在一起的地球物理关系。这一部分包括碳循环、辐射强迫方程式、气候变化方程式以及气候—损害关系。地球物理部分简化了更复杂的模型。显然，它们建立在第一原则上，但我们的研究说明，它们紧密跟踪更精细的模型。

在新的模型中，内生排放限于工业 CO_2（如上所述，它们是使用碳能源的共同产物）。其他对全球变暖的贡献则被认为是外生的。新模型包括了一个为碳循环模型编制的新结构方法，这个方法用三个储存地模型来校准现有的碳循环模型。气候变化程度由全球平均地表温度表示，这种关系使用了海洋-大气耦合模型导出的中期气候敏感度与滞后。

理解气候变化的经济影响，在气候变化经济学中，仍然是一个最棘手的问题。本书提出了损害估计的一种新的综合方法。该分析还提供了对 13 个主要地区，而不是只对美国的新估计，尽管在现在的 RICE 版本中，这些估算总计为 8 个地区。这项新研究更多地集中在气候变化的非市场方面，特别重视潜在的突变性或灾难性风险。采用这种方法是因为有足够的证据表明，气候变化对高收入国家和地区市场部门的经济影响可能是比较有限的。主要结果因按地区的影响可能大大不同。我们估计，俄罗斯和其他高收入国家和地区（主要是加拿大）将从适度全球变暖中略有收益，而低收入国家和地区——特别是非洲和印度——以及欧洲似乎面对气候变化表现得极为脆弱。美国似乎比许多国家更不容易受到气候变化的影响。

有些未完成的工作应该注意。我们再次重复强调，我们对损害函数，特别是发展中国家自然生态系数对气候变化的反应，现在还知之甚少。一个重要且有争论的问题是，突发性气候变化的可能性，这是一个关注焦点，因为尽管科学家对气候变化的许多要素有了更深入的了解，但目前尚不能排除未知机制、未知概率的突发性或灾难性气候变化发生的可能性。一个相关的问题是，本书抽象掉了不确定问题，在书中，风险规避和学习的概率可以修正控制战略的力度与时间。此外，计算略去了气候变化和其他市场失灵之间的相互影响，例如，空气污染、税收，以及研究与开发，这些都将加强或弱化温室气体减少或碳税背后的逻辑。虽然模型假设的未来技术变化相当大——无论整体，还是碳节约——但它略去了内生技术变化。最后，模型假设政策是有效实施的，在大多数环境政策都有缺点的情况下，这无疑是乐观的假设。这些都是需进一步研究的主题。

RICE-DICE 与其他模型的不同

RICE-DICE-99 只是全球变暖经济学 IA 模型日益增加的群体中的一个系列。这些模型的主要差别是什么，它们的相似之处又是什么？这一个巨大的问题，但在这里值得做出几个一般性评论。

第一，最近对 IA 模型的概述倾向于把它们分为两个大类：最优化和政策评估。最优模型中 DICE 是一个例子，它是有充分定义的目标，并可以决定最优政策的模型。政策评估模型是在性质上更多说明和跟踪不同方案，而不是企图确定最好政策的模型。[1] 尽管 DICE 继续采用最优化框架时，地区性的 DICE 类型模型，例如 RICE-99，更像是两种方法的综合。RICE-99 包括了许多描述性信息，特别是在电子表格版本中，可以容易地作为政策评估模型使用。同时，由于所有福利变化，包括气候损害的减少，都被作为消费变化编制进模型，它也可以作为一种优化模型。

---

[1]　最近对 IA 模型最优秀的概述包括在 IPCC（1996c）第 10 章和科尔斯塔德（1998）的论述中。

第二，DICE-RICE 系列和大多数其他主流 IA 模型之间的主要差别是，DICE-RICE 包括了对气候变化的社会影响或损害的完整评估，而大多数其他模型没有包含损害。由于对损害预测是如此不确定，它们的加入给模型的相关部分增加了相当大的不确定性。另一方面，忽略损害就是忽略了气候变化政策的根本目标，即按照《联合国气候变化框架公约》的规定，将温室气体浓度控制在危险水平之下。"危险水平"的定义仍然是有争论的，当考虑可供选择的政策时，记住最终目标是重要的。

第三，每个模型编制者都对他或她的模型的优缺点有特殊的评价。DICE-RICE-99 模型的主要优点有两个：第一，设计透明且容易使用，被从学生到领域前沿专家的研究者广泛采用；第二，设计的组成部分反映了每个领域最新的水平，并坚持化繁为简。例如，RICE-99 包括了对目前状况简单但相当精准的表述，可用于对不同地区的经济进行长期政策分析。模型编制理念是 DICE-RICE-99 模型应该像一辆设计精良的汽车——部件和整体都是最优的，以使模型编制者在既定的时间价格、能源和能力状态下以低成本到达他们想去的地方。

最后，我们还想说明，相对于其他 IA 模型，DICE-RICE 模型的一些缺点。其他模型更适用于其他特殊任务。例如，没有一个明智的经济学家，会用这些模型中的生产部门，来考虑经济周期的作用，或做出短期预期。DICE-RICE 模型中的能源部门是为全球变暖经济学而设计的，不能用于分析能源之间的替代性。模型略去了国际交易，因为对这些和类似情况的分析需要精准的细节，存在一些可以提供更好解决方法的专业化模型。

主要结果

本书包含了许多在前几章已经报告过的结论。这个总结将重点介绍五个重要的结论。

第一个重要观点是，有效的气候变化政策成本较低廉，且减缓气候变化的幅度出乎意料的小。我们的估算是，在最优策略下，全球减排成本的现值为 1000 亿美元左右，或平均成本每年为 50 亿美元左右。另一个有趣的结果是，短期推迟实施最优策略的成本并不高；实际上，它可以使成本远远低于实施无效率的政策（回想一下，在正文、表和图中，所有美元价值都按 1990 年美元币值，用美国 GDP 平减指数，2000 年的价格高出将近 25%。）

最优政策能在 2100 年把全球温度增加降低 2.34℃，在 2200 年降低 3.65℃。更加严格的政策是把 CO_2 浓度限定为前工业社会水平的 2 倍（其现值成本为 14000 亿美元），以及把全球温度限定于升高 2.5℃（成本 35000 亿美元）。我们的估计是，最优政策可减少危害的贴现收益为 3000 亿美元左右，收益成本比为 3。其他两种定向的环境政策贴现收益为 7000 亿美元（对浓度限制）和 11000 亿美元（对把限定温度升高为 2.5℃），收益成本比分别为二分之一和三分之一。

第二，一些著名的政策建议似乎效率很低。从低效到最低效，我们的排行是：《京都议定书》（附件一区域交易），《京都议定书》（经合组织地区交易），限定 CO_2 浓度为前工业社会水平两倍，《京都议定书》（禁止交易），限定气候变化为温度上升 2.5℃，把全球排放稳定在 1990 年水平，以及把气候变化限定为温度上升 1.5℃（参看表 7.2）。正如现在估计的，除了地球工程，这些政策没有一项有重大的净经济收益。最有利的控制选择，按现值估算净收益只有 2000 亿美元。另一方面，无效的政策可能会带来重大的经济损害。

第三点是关于碳税或许可证价格的调查结果。就目前的气候变化政策而言，也许最重要的发现是，近期最优碳税在每吨 5 美元到 10 美元。正如表 7.5 和图 7.2 所示，此价格区间是未来 10 年左右政策的适当目标。出人意料的是，以环境为导向的浓度限制与上升 2.5℃温度限制的碳税相对较低，2005 年分别为每吨碳 4 美元和 12 美元。近期碳税为每吨 100 美元范围的政策，例如与《京都议定书》相关的政策，几乎肯定无法通过成本收益验证，因为它们引起了过度的近期减排。而且，所有通过成本收益验证的政策，近期碳税都低于每吨 15 美元。

第四点，关注全球变暖威胁的修正观点。与 20 世纪 90 年代初完成的其他研究相比，本研究描绘的未来气候变化的图景，并不那么令人担忧。许多研究预测，到 2100 年，全球基准温度将增加 3℃至 4℃，目前更好的参考估计是，到 2100 年变暖接近2.4℃。比较新模型与早期 DICE 模型会得出有趣的结果。早期，两个模型的最优碳税和控制率是极为接近的，但在 RICE-99 中，排放增长、浓度和其他温室气体增长明显放缓。浓度缓慢的积累、其他气体的冷却效应以及氯氟烃逐渐消失的证据表明，与初始 DICE 模型中的温度上升 3.28℃ 的预测相比，RICE-99 对 2100 年的全球基准温度升高 2.42℃ 的预测可能更为准确。此外，新的 RICE-99 比初始 DICE 模型具有更高的控制力。因此，与初始 DICE 模型预测的 3.10℃ 相比，RICE-99 中对 2100 年全球最优温度增加幅度的预测为 2.34℃。

最后一点是，环境友好型的地球工程是非常有益的。我们估计，一个无须花费成本就可抵消温室气体增加带来的气候影响的技术解决方案，将带来大约 4 万亿美元的现值收益。这一点之所以重要，是因为我们发现 RICE-99 中的最优政策在 21 世纪并没有减缓多少温度变化。重要的是，要了解这个结果会出现，是因为减缓气候变化要付出代价，不是因为气候损害可以忽略不计。

我们的结论是，虽然不是环境正确的政策，但地球工程是一种值得更认真研究和考虑的政策选择，它比挨家挨户减排斗争更具某些重要的优势。一个重要的优势是，地球工程目前看来是低廉的。另一个特点是，它并不要求所有主要国家几乎一致地同意采用一种有效的政策；实际上，如果其他国家同意的话，美国可以轻而易举地实施地球工程。围绕气候变化的结论既定，有效的国际协议实施缓慢既定，特别是在对潜在灾难性影响日益增加的关注为既定的情况下，显而易见，应该更多地关注地球工程选择。

《京都议定书》分析

有效路径的分析在某种意义上是真空中的政策分析——在这种真空情况下，强大的利益集团，各国之间的意见不一致，决策者的无能与无知，以及无效的实施，都不存在。更加现实的分析应着眼于《京都议定书》，它是关于各国如何开始减缓全球变暖的已达成共识（但未批准）的国际协议。第 8 章中的分析发现了几个关键点。

第一，我们的结论是，《京都议定书》并没有经济或环境上的合理性。冻结各子集团国排放量的方法与浓度、温度或损害目标并没有关系。它与以经济为导向的战略没有任何关系，这个战略将平衡减少温室气体排放的成本和收益。

第二，比较《京都议定书》与我们最优政策的估计是有用的。在《京都议定书》的全球交易版中，碳价格接近于我们对最优政策最初几十年碳价格的估算，体现在《京都议定书》中的全球排放目标接近于最优政策最初几十年中的目标。但从长远来看，相对于最优政策，《京都议定书》的减排目标低得多。其基本困难是，《京都议定书》只针对高收入国家的排放，而高收入国家很可能只占全球排放的一小部分。

第三，《京都议定书》的成本效益关键取决于它如何实施。一种极端是全球交易版本，在这里所有国家都进入一种有效的交易安排，而且政策得到有效实施。我们的估计是，在今后几十年中，这个政策是合理有效的。有效实施《京都议定书》的成本是590亿美元，而《京都协议书》减排的收益是1080亿美元左右，收益成本比为1.8。但全球交易分享是极难实现的，因为它假定，一些不愿意和在某些情况下不能参与的国家的参与。

另一极端情况，主要地区间也可能出现排放许可证禁止交易的情况，要么是由于协议的破裂，要么是由于交易成本高昂。《京都议定书》无交易版本的成本是假设有效实施的全球交易版本成本的15倍。即使在高收入（经合组织）地区之间交贸易，其成本也可能接近禁止交易的情况。无交易版本的收益成本比为0.2。这些计算强调，政策的有效设计应该是决策者主要关注的。

最后，《京都议定书》有重大的分配后果。美国承担了实施《京都议定书》现在版本的大部分成本。这些成本既可能来自减排活动，也可能来自购买许可证。在《京都议定书》的所有版本中，美国都是净输家，而其他高收入国家和世界上其他国家会收支平衡，或者从《京都议定书》中受益。

结论和思考

本书在一些人看来是令人欣慰的，对另一些人来说是无法忍受的。如果只能传达一个信息，那就是，气候变化是一种复杂的现象，不可能在短期内成为灾难，但长期来看有潜在高危害。这是一个威胁，要以热忱的心和冷静的头脑来应对，而不是以流血的心和发热的头脑来应付。全球变暖是一个严重的问题。最理想的预期是损害的现值为 4 万亿美元左右，因此如果可以以低成本减少损害是值得的。这种分析说明，现在通过《京都议定书》减缓全球变暖的努力，支付了高成本，但收效甚微。

这里开发的模型说明，全球变暖的速度略有放缓，而且近期的损害比其他研究或 DICE-RICE 模型早期版本中发现的小。未来气候变化放慢速度是有希望的，但要一直谨慎注意。也许读者可以更放心地使用现在的证据，即未来一个世纪中气候变化不会进入灾难范围，特别是当采取有效措施减缓气候变化后。然而，对过去十年预测的修正幅度之大，以及预测的来源之多，都提醒我们，社会在面临理解和应对气候变化问题时，具有巨大不确定性。因此，虽然我们在夜里可以更放心地睡觉，但白天必须保持警惕，以防止地球向更危险的方向变化。

附录 A |
RICE-99 模型的方程式

设置：时期　t（1995 = 0，2005 = 1，等等）

地区　　　J

交易区　　b

(A.1) $\quad W_J = \sum_t U[c_J(t), L_J(t)] R(t).$

(A.2) $\quad R(t) = \prod_{v=0}^{t} [1 + \rho(v)]^{-10}.$

$\qquad \rho(t) = \rho(0) \exp(-g^\rho t).$

(A.3) $\quad U[c_J(t), L_J(t)] = L_J(t)\{\log[c_J(t)]\}.$

(A.4) $\quad g^{pop}{}_J(t) = g^{pop}{}_J(0) \exp(-\delta^{pop}{}_J t).$

$\qquad L_J(t) = L_J(0) \exp\left(\int_0^t g_J^{pop}(t)\right).$

(A.5a) $\quad Q_J(t) = \Omega_J(t)\{A_J(t) K_J(t)^\gamma L_J(t)^{1-\beta_J-\gamma} ES_J(t)^{\beta_J} - c^E{}_J(t) ES_J(t)\}.$

(A.5b) $\quad ES_J(t) = \varsigma_J(t) E_J(t)$

$\qquad g^Z{}_J(t) = g^Z{}_J(0) \exp(-\delta^Z{}_J t)$

$\qquad \varsigma_J(t) = \varsigma_J(0) \exp\left(\int_0^t g_J^Z(t)\right).$

(A.6) $\quad g^A{}_J(t) = g^A{}_J(0)\exp(-\delta^A{}_J t)$

$$A_J(t) = A_J(0)\exp\left(\int_0^t g_J^A(t)\right).$$

(A.7) $\quad Q_J(t) + \tau_J(t)\left[\Pi_J(t) - E_J(t)\right] = C_J(t) + I_J(t).$

(A.7′) $\quad \tau_J(t) = \tau_b(t) \; \forall \; J \in b$

$$\sum_{J \in b} II_J(t) \geq \sum_{J \in b} E_J(t)$$

$$\sum_{J \in b} II_J(t) = \sum_{J \in b} E_J(t) \text{ if } \tau_b > 0$$

$$\tau_b(t) \geq 0.$$

(A.8) $\quad c_J(t) = C_J(t)/L_J(t).$

(A.9) $\quad K_J(t) = K_J(t-1)(1-\delta_K)^{10} + 10 \times I_J(t-1)$

$$K_J(0) = K_J^{\,*}.$$

(A.10) $\quad c^E{}_J(t) = q(t) + markup^E{}_J$

(A.11) $\quad CumC(t) = CumC(t-1) + 10 \times E(t)$

$$E(t) = \sum_J E_J(t).$$

(A.12) $\quad q(t) = \xi_1 + \xi_2\left[CumC(t)/CumC^*\right]^{\xi_3}.$

(A.13a) $\quad M_{AT}(t) = 10 \times ET(t-1) + \phi_{11}M_{AT}(t-1) + \phi_{21}M_{UP}(t-1)$

$$LU_J(t) = LU_J(0)(1-\delta_l)^t$$

$$ET(t) = \sum_J (E_J(t) + LU_J(t))$$

$$M_{AT}(0) = M_{AT}^{\,*}.$$

(A.13b) $\quad M_{UP}(t) = \phi_{22}M_{UP}(t-1) + \phi_{12}M_{AT}(t-1) + \phi_{32}M_{LO}(t-1).$

$$M_{UP}(0) = M_{UP}^{\,*}.$$

(A.13c) $\quad M_{LO}(t) = \phi_{33}M_{LO}(t-1) + \phi_{23}M_{UP}(t-1)$

$$M_{LO}(0) = M_{LO}^{\,*}.$$

(A.14) $\quad F(t) = \eta\{\log[M_{AT}(t)/M_{AT}{}^{PI}]/\log(2)\} + O(t)$

$$O(t) = -0.1965 + 0.13465t \qquad t < 11$$

$$ = 1.15 \qquad\qquad\qquad t > 10.$$

(A.15a)　$T(t) = T(t-1) + \sigma_1\{F(t) - \lambda T(t-1) - \sigma_2[T(t-1) - T_{LO}(t-1)]\}$

　　　　$T(0) = T^*.$

(A.15b)　$T_{LO}(t) = T_{LO}(t-1) + \sigma_3[T(t-1) - T_{LO}(t-1)]$

　　　　$T_{LO} = T_{LO}^*.$

(A.16)　　$D_J(t) = \theta_{1,j}T(t) + \theta_{2,j}T(t)^2.$

(A.17)　　$\Omega_J(t) = 1/[1 + D_J(t)].$

附录 B ｜
DICE-99 模型的方程式

(B.1) $W = \sum_t U[c(t), L(t)]R(t).$

(B.2) $R(t) = \prod_{v=0}^{t} [1 + \rho(v)]^{-10}$

            $\rho(t) = \rho(0) \exp(-g^\rho t).$

(B.3) $U[c(t), L(t)] = L(t)\{\log[c(t)]\}.$

(B.4) $g^{pop}(t) = g^{pop}(0) \exp(-\delta^{pop} t)$

            $L(t) = L(0) \exp\left(\int_0^t g^{pop}(t)\right).$

(B.5) $Q(t) = \Omega(t)\left(1 - b_1(t)\mu(t)^{b2}\right)A(t)K(t)^\gamma L(t)^{1-\gamma}.$

(B.6) $g^A(t) = g^A(0) \exp(-\delta^A t)$

            $A(t) = A(0) \exp\left(\int_0^t g^A(t)\right).$

(B.7) $\Omega(t) = 1/[1 + D(t)].$

(B.8) $D(t) = \theta_1 T(t) + \theta_2 T(t)^2.$

(B.9) $g^b(t) = g^b(0) \exp(-\delta^b t)$

            $b_1(t) = b_1(t-1)/(1 + g^b(t))$

            $b_1(0) = b_1{}^*.$

(B.10) $E(t) = (1 - \mu(t))\sigma(t)A(t)K(t)^\gamma L(t)^{1-\gamma}.$

(B.11)　$g^{\sigma}(t) = g^{\sigma}(0)\exp(-\delta^{\sigma}_1 t - \delta^{\sigma}_2 t^2)$

　　　　$\sigma(t) = \sigma(t-1)/(1 + g^{\sigma}(t))$

　　　　$\sigma(0) = \sigma^*.$

(B.12)　$Q(t) + \tau(t)[\Pi(t) - E(t)] = C(t) + I(t).$

(B.13)　$II(t) = E(t).$

(B.14)　$c(t) = C(t)/L(t).$

(B.15)　$K(t) = K(t-1)(1 - \delta_K)^{10} + 10 \times I(t-1)$

　　　　$K(0) = K^*.$

(B.16)　$LU(t) = LU(0)(1 - \delta_1)^t$

　　　　$ET(t) = E(t) + LU(t).$

(B.17a)　$M_{AT}(t) = 10 \times ET(t-1) + \phi_{11}M_{AT}(t-1)$

　　　　　　　　$-\phi_{12}M_{AT}(t-1) + \phi_{21}M_{UP}(t-1)$

　　　　$M_{AT}(0) = M_{AT}^*.$

(B.17b)　$M_{UP}(t) = \phi_{22}M_{UP}(t-1) + \phi_{12}M_{AT}(t-1) + \phi_{32}M_{LO}(t-1)$

　　　　$M_{UP}(0) = M_{UP}^*.$

(B.17c)　$M_{LO}(t) = \phi_{33}M_{LO}(t-1) + \phi_{23}M_{UP}(t-1)$

　　　　$M_{LO}(0) = M_{LO}^*.$

(B.18)　$F(t) = \eta\{\log[M_{AT}(t)/M_{AT}^{PI}]/\log(2)\} + O(t)$

　　　　$O(t) = -0.1965 + 0.13465t \qquad t < 11$

　　　　　　　$= 1.15 \qquad\qquad\qquad t < 10.$

(B.19)　$T(t) = T(t-1) + \sigma_1\{F(t) - \lambda T(t-1) - \sigma_2[T(t-1) - T_{LO}(t-1)]\}$

　　　　$T(0) = T^*.$

(B.20)　$T_{LO}(t) = T_{LO}(t-1) + \sigma_3[T(t-1) - T_{LO}(t-1)]$

　　　　$T_{LO} = T_{LO}^*.$

附录 C |
变量清单

按它们在附录 A 和 B 中出现的顺序列出的变量。

外生变量和参数

变量	说明	单位
$L(t)$	人口和劳动力投入	百万
$R(t)$	社会时间偏好贴现因子	纯数字
$\rho(t)$	社会时间偏好贴现率	每年比率
g^{ρ}	$\rho(t)$ 的增长率	每 10 年比率
$\rho(0)$	初始社会时间偏好贴现率	每年比率
$g^{pop}(t)$	人口增长率	每 10 年比率
$g^{pop}(0)$	初始人口增长率	每 10 年比率
δ^{pop}	$g^{pop}(t)$ 的下降率	每 10 年比率
$L(0)$	初始人口	百万
$A(t)$	全要素生产率	由生产函数中投入的单位决定
γ	产量对资本的弹性	纯数字

β	产量对碳能源的弹性	纯数字
$\varsigma(t)$	碳能源与工业碳排放的比率	纯数字
$g^Z(t)$	$\varsigma(t)$ 增长率	每 10 年比率
$g^Z(0)$	$\varsigma(t)$ 的初始增长率	每 10 年比率
δ^Z	$g^Z(t)$ 的下降率	每 10 年比率
$\varsigma(0)$	碳能源与工业碳排放的初始比率	纯数字
$g^A(t)$	$A(t)$ 的增长率	每 10 年比率
$g^A(0)$	初始生产率增长率	每 10 年比率
δ^A	$g^A(t)$ 下降率	每 10 年比率
$A(0)$	初始全要素生产率	由生产函数中投入的单位决定
$\prod(t)$	工业碳排放许可	GtC/ 年
δ_K	资本折旧率	每年比率
K^*	初始资本存量	万亿美元（1990 年币值）
markup^E	地区能源服务构成	1000 美元 / 吨碳
ξ_1, ξ_2, ξ_3	长期工业排放供给曲线参数	根据参数变动
CumC^*	碳开采收益递减点	GtC
$\phi_{11}, \phi_{12}, \phi_{21},$ $\phi_{22}, \phi_{23}, \phi_{32}, \phi_{33}$	碳循环矩阵参数	纯数字
$LU(t)$	土地使用碳排放	GtC/ 年
$LU(0)$	初始土地使用碳排放	GtC/ 年
δ_1	土地使用碳排放下降率	每 10 年比率
M_{AT}^*	初始大气中 CO_2 浓度	GtC
M_{UP}^*	初始上层海洋 / 生物圈 CO_2 浓度	GtC
M_{LO}^*	初始深海中 CO_2 浓度	GtC
η	由于 CO_2 浓度较前工业社会水平翻倍引起的辐射强迫	W/m^2

M_{AT}^{PI}	工业化前的 CO_2 浓度	GtC
$O(t)$	由于外生人类原因引起的超过前工业社会水平的辐射强迫增加	W/m^2
σ_1, σ_2, σ_3, λ	温度动态参数 η/λ 是气候敏感度，或者由于 CO_2 浓度加倍引起的温度的均衡增加	根据参数变动
T^*	初始大气温度	高于 1900 年水平，℃
T_{LO}^*	初始海洋温度	高于 1900 年水平，℃
θ_1, θ_2	危害函数的参数	根据参数变动

DICE-99 所专有的

$b_1(t)$	DICE-99 中减排成本函数的控制率系数	纯数字
$b2$	DICE-99 中减排成本函数控制率指数	纯数字
$g^b(t)$	$b_1(t)$ 的下降率	每 10 年比率
$g^b(0)$	$b_1(t)$ 的初始下降率	每 10 年比率
δ^b	$g^b(t)$ 的下降率	每 10 年比率
b_1^*	$b_1(t)$ 的初始值	纯数字
$\sigma(t)$	DICE-99 中工业排放与产量的基点情况比率	吨 /1000 美元
$g^\sigma(t)$	$\sigma(t)$ 的下降率	每 10 年比率
$g^\sigma(0)$	$\sigma(t)$ 的初始下降率	每 10 年比率
$\delta^\sigma_1 \delta^\sigma_2$	决定 $g^\sigma(t)$ 下降率的参数	纯数字
σ^*	$\sigma(t)$ 的初始值	吨 /1000 美元

内生变量——RICE-99

W	福利	单位
U(t)	t 期间的效用	单位
c(t)	人均消费	每年每人百万美元
Q(t)	产量	万亿美元（1990 年币值）
$\Omega(t)$	总产量的气候变化危害因子	纯数字
K(t)	资本存量	万亿美元（1990 年币值）
ES(t)	碳能源，来自碳燃料的碳服务	GtC/ 年
$c^E(t)$	碳能源的成本	1000 美元 / 吨
E(t)	工业 CO_2 排放	GtC/ 年
$\tau(t)$	工业排放许可证价格	1000 美元 / 吨
	注意：也可以作为外生变量，在这种情况下，许可证的分配限于（2.7'）（参看第 2 章第 4 节）	
C(t)	消费	万亿美元 / 年（1990 年币值）
I(t)	投资	万亿美元 / 年（1990 年币值）
$\tau_b(t)$	在交易区 b 中的工业排放许可证价格	1000 美元 / 吨
q(t)	工业排放处理成本	1000 美元 / 吨碳
CumC(t)	累积的工业碳排放	GtC
E(t)	世界工业碳排放	GtC/ 年
$M_{AT}(t)$	大气中 CO_2 浓度	GtC
ET(t)	世界总 CO_2 排放	GtC/ 年

$M_{UP}(t)$	上层海洋 / 生物圈 CO_2 浓度	GtC
$M_{LO}(t)$	下层海洋 CO_2 浓度	GtC
$F(t)$	辐射强迫，相较前工业时期水平的增加值	W/m^2
$T(t)$	大气温度，相较 1900 年水平的增加值	℃
$T_{LO}(t)$	低层海洋温度，相较 1900 年水平的增加值	℃
$D(t)$	气候损害占净产出的比例	纯数字

DICE-99 所专有的

| $\mu(t)$ | 工业排放控制率 | 纯数字 |

附录 D |

RICE-99 模型的 GAMS 代码：基本场景和最优场景

```
$OFFSYMXREF OFFSYMLIST
OPTION SOLPRINT=OFF;
OPTION DECIMALS=3;
OPTION NLP=MINOS5;
OPTION ITERLIM = 99999;
OPTION LIMROW = 0;
OPTION LIMCOL = 0;
OPTION RESLIM = 99999;
SETS    T    /1*35/
TFIRST(T)
TLAST(T)
TEARLY(T)
TLATE(T)
N              /USA, OHI, EUROPE, EE, MI, LMI, CHINA, LI/
ANNEXI(N)    /USA, OHI, EUROPE, EE/
ROW(N)       /MI, LMI, CHINA, LI/
POSPOP(N)    /USA, EE, MI, LMI, CHINA, LI/
ITER          /1*20/
REPS          /1*5/;

TFIRST(T)=YES$(ORD(T)=1);
TLAST(T)=YES$(ORD(T)=CARD(T));
TEARLY(T)=YES$(ORD(T) LE 20);
TLATE(T)=YES$(ORD(T) GE 21);
```

SCALARS

GAMMA	Capital share	/0.3/
DELTA	Annual rate of depreciation (percent)	/10/
CARBMAX	Point of diminishing returns in carbon extraction (GTC)	/6000/
EXPCARB	Exponent on cost of extraction function	/4/
LUGR	Rate of decline (percent per decade) in land use emissions	/10/
M0	Initial atmospheric concentration of CO2 (GTC)	/735/
MU0	Initial concentration of CO2 in upper box (GTC)	/781/
ML0	Initial concentration of CO2 in deep oceans (GTC)	/19230/
TE0	Initial atmospheric temperature (deg C above preind)	/0.43/
TL0	Initial temperature of deep oceans (deg C above preind)	/0.06/
SAT	Speed of adjustment parameter for atm. temperature	/0.226/
CS	Equilibrium atm temp increase for CO2 doubling (deg C)	/2.9078/
HLAL	Coefficient of heat loss from atm to deep oceans	/0.44/
HGLA	Coefficient of heat gain by deep oceans	/0.02/
SRTP0	Initial social rate of time preference (pct per year)	/3/
SRTPGR	Rate of decline of srtp (pct per year)	/0.25719/
Q	Utility derivative scaling factor	/10/

* Carbon cycle transition coefficients (percent per decade)

TRAA	Atmosphere to atmosphere	/66.616/
TRUA	Upper box to atmosphere	/27.607/
TRAU	Atmosphere to upper box	/33.384/
TRUU	Upper box to upper box	/60.897/
TRLU	Deep oceans to upper box	/0.422/

TRUL	Upper box to deep oceans	/11.496/
TRLL	Deep oceans to deep oceans	/99.578/
WPDVC	World present value of consumption ($ billions)	
PDVCBASE	World present value of consumption in base ($ billions)	
TEI	Total economic impact of policy ($ billions);	

SETS OUTWELF Categories of data on welfare and production function

　　　/DAM1, DAM2, K0, ALPHA, PHIGR, PHIGRGR/

*Dam1	Damage coefficient on temperature
*Dam2	Damage coefficient on temperature squared
*K0	Initial capital stock ($trill)
*Alpha	Elasticity of output with respect to carbon services
*Phigr	Initial growth rate of ratio of carbon emissions to carbon services (pct per dec)
*Phigrgr	Rate of decline of Phigr (pct per decade)

EMPOPPRD Categories of data on emissions and population and productivity

　　　/MU, LU0, L0, LGR, LGRGR, TFP0, TFPGR, TFPGRGR/

*Mu	Markup on carbon ($ per tonne)
*Lu0	Initial carbon emissions from land use change (GTC per year)
*L0	Initial population (millions)
*Lgr	Initial population growth rate (pct per decade)
*Lgrgr	Rate of decline in population growth rate (pct per decade)
*Tfp	Initial total factor productivity
*Tfpgr	Initial productivity growth rate (pct per decade)
*Tfpgrgr	Rate of decline in productivity growth rate (pct per decade);

TABLE OW(OUTWELF,N)

	USA	OHI	EUROPE	EE
DAM1	−0.0026	−0.007	−0.001	−0.0076
DAM2	0.0017	0.003	0.0049	0.0025
K0	12.83	8.954	14.968	1.219
ALPHA	0.091	0.059	0.057	0.08

PHIGR	−11.9	−12.5	−11.0	−32.0
PHIGRGR	9.2	7.0	6.8777	15.0
+	MI	LMI	CHINA	LI
DAM1	0.0039	0.0022	−0.0041	0.01
DAM2	0.0013	0.0026	0.002	0.0027
K0	3.048	1.907	0.908	1.564
ALPHA	0.087	0.053	0.096	0.074
PHIGR	−13.0	−18.5	−32.0	−20.0
PHIGRGR	10.0	12.0	14.0	15.0;

TABLE EPP(EMPOPPRD,N)

	USA	OHI	EUROPE	EE
MU	300.0	350.0	400.0	−38.12
LU0	0.0	0.0	0.0	0.0
L0	260.71	190.75	383.4	342.14
LGR	9.0	−1.0	−6.0	1.3
LGRGR	32.417	26.5239	63.6195	13.6397
TFP0	0.0996	0.0843	0.0748	0.02
TFPGR	3.8	3.9	4.1	11.0
TFPGRGR	1.5	0.5	1.5	4.0
+	MI	LMI	CHINA	LI
MU	250.0	−2.63	−41.09	18.78
LU0	0.39645	0.21813	0.04094	0.472
L0	313.08	564.82	1198.5	2379.15
LGR	16.0	20.0	8.52	24.0
LGRGR	24.7256	25.6632	25.3216	23.6399
TFP0	0.0398	0.0172	0.0093	0.0078
TFPGR	8.0	11.0	15.0	12.0
TFPGRGR	3.0	4.5	5.0	4.0;

PARAMETERS

PHI(T,N)	Ratio of carbon emissions to carbon services
PHICGR(T,N)	Cumulative exponential growth rate of phi
LU(T,N)	Carbon emissions from land-use change (GTC per year)

L(T,N)　　　　　　　Population (millions)

LCGR(T,N)　　　　　Cumulative exponential population growth rate

TFP(T,N)　　　　　　Total factor productivity

TFPCGR(T,N)　　　　Cumulative exponential productivity growth rate

DAMCOEFF(T,N)　　Damage coefficient in base case

PCYRATIO(T,N)　　　Ratio of per capita output to 1995;

PHICGR(T,N)=(OW("PHIGR",N)/OW("PHIGRGR",N))*(1–
　　EXP(–(ORD(T)–1)*OW("PHIGRGR",N)/100));

LCGR(T,N)=(EPP("LGR",N)/EPP("LGRGR",N))*(1–
　　EXP(–(ORD(T)–1)*EPP("LGRGR",N)/100));

LCGR(T, "OHI")=(EPP("LGR","OHI")/EPP("LGRGR","OHI"))*(1–
　　EXP(–(ORD(T)–4)*EPP("LGRGR","OHI")/100));

LCGR(T, "EUROPE")=(EPP("LGR","EUROPE")/EPP("LGRGR",
　　"EUROPE"))*(1–
　　EXP(–(ORD(T)–4)*EPP("LGRGR","EUROPE")/100));

TFPCGR(T,N)=(EPP("TFPGR",N)/EPP("TFPGRGR",N))*(1–
　　EXP(–(ORD(T)–1)*EPP("TFPGRGR",N)/100));

PHI(T,N)=EXP(PHICGR(T,N)));

LU(T,N)=EPP("LU0",N)*(1–LUGR/100)**(ORD(T)–1);

L(T,POSPOP)=EPP("L0",POSPOP)*EXP(LCGR(T,POSPOP));

L("4", "OHI")=197.26;

L(T,"OHI")$(ORD(T)>4)=L("4", "OHI")*EXP(LCGR(T,"OHI"));

L("1", "OHI")=EPP("L0", "OHI");

L("2", "OHI")=199.03;

L("3", "OHI")=199.61;

L("4", "EUROPE")=381.1;

L(T,"EUROPE")$(ORD(T)>4)=L("4",
　　"EUROPE")*EXP(LCGR(T,"EUROPE"));

L("1", "EUROPE")=EPP("L0", "EUROPE");

L("2", "EUROPE")=388.5;

L("3", "EUROPE")=386.1;

TFP(T,N)=EPP("TFP0",N)*EXP(TFPCGR(T,N));

PARAMETERS

YEAR(T)   Year

EXOGFORC(T)   Exogenous forcing (W per meter squared)

SRTP(T)   Social rate of time preference (pct per year)

STPF(T)   Social time preference factor

RHOSTAR(T)   Unnormalized social welfare discount factor

SWDF(T)   Social welfare discount factor

WINDEM(T)   World industrial emissions (GtC per year)

SWDFBASE(T)   Social welfare discount factor in base case

CTAX(T)   Carbon tax ($ per metric ton)

*** NAMES FOR DISCOUNT FACTOR USED IN ITERATIVE SEARCH ALGORITHM

RHOPREV(T)

SWDFPREV(T)

RHO(T);

YEAR(T)=1995+(ORD(T)−1)*10;

EXOGFORC(T)=(−0.1965+(ORD(T)−1)*0.13465)$(ORD(T)<12)+1.15$(ORD(T)>11);

SRTP(T)=100*(SRTP0/100)*EXP(−(SRTPGR/100)*10*(ORD(T)−1));

STPF("1")=1;

LOOP(T,
    STPF(T+1)=STPF(T)/((1+SRTP(T)/100)**10););

VARIABLES

Y(T,N)   Output   ($trillions per year)

K(T,N)   Capital stock   ($trillions per year)

CA(T,N) Industrial carbon emissions   (GTC per year)

C(T,N)   Consumption   ($trillions per year);

VARIABLES

E(T)   World carbon emissions (GTC per year)

M(T)   Atmospheric concentration of carbon (GTC)

MU(T)   Concentration of carbon in upper box (GTC)

ML(T)   Concentration of carbon in deep oceans (GTC)

TE(T)　　　Atmospheric temperature (deg C above preindustrial)

F(T)　　　Radiative forcing (W per meter squared)

TL(T)　　　Deep ocean temperature (deg C above preindustrial)

CCA(T)　　Cumulative industrial carbon emissions (GTC)

UTILITY　Social welfare function;

POSITIVE VARIABLES Y, K, CA, C, E, M, MU, ML, TE, F, TL;

CCA.LO(T)=0;

E.LO(T)=5;

M.LO(T)=M0;

ML.LO(T)=ML0;

MU.LO(T)=MU0;

F.LO(T)=4.1*LOG(M.LO(T)/596.4)/LOG(2)+EXOGFORC(T);

TE.LO(T)=TE0;

TL.LO(T)=TL0;

K.LO(T, N)=0.1;

Y.LO(T, N)=0.1;

CA.LO(T, N)=0.01;

CA.UP(T, N)=1000;

C.LO(T, N)=0.05;

***STARTING VALUES FOR BASE CASE

$INCLUDE STARTVAL

RHOSTAR(T)=SUM(N,　Y.L(T,N)*STPF(T)*L(T,N)/C.L(T,N))/SUM(N, Y.L(T,N));

SWDF(T)=RHOSTAR(T)/RHOSTAR('1');

DAMCOEFF(T,N)=1/(1+OW("DAM1",N)*SVT(T)+OW("DAM2",N)*SVT(T)**2);

***

EQUATIONS

YY(T,N)　　　　Output

YYTEXOG(T,N)　Output with temperature constant

BC(T,N)　　　　Budget constraint

KFIRST(T,N)　　First period capital stock

KK(T,N)   Capital accumulation equation
CCTFIRST(T)   First period cumulative carbon
CCACCA(T)   Cumulative carbon emissions
EE(T)   World emissions
MFIRST(T)   First period atmospheric concentration
MM(T)   Atmospheric concentration
MUFIRST(T)   First period upper box concentration
MUMU(T)   Upper box concentration
MLFIRST(T)   First period deep ocean concentration
MLML(T)   Deep ocean concentration
TEFIRST(T)   First period temperature
TETE(T)   Atmospheric temperature
FF(T)   Radiative forcing
TLFIRST(T)   First period deep ocean temperature
TLTL(T)   Deep ocean temperature
OBJ   Objective function;

YY(T,N)..   Y(T,N)=E=
(TFP(T,N)*(K(T,N)**GAMMA)*(L(T,N)**(1–GAMMA–
            OW("ALPHA",N)))
            *((CA(T,N)/PHI(T,N))**OW("ALPHA",N))–
((EPP("MU",N)+113+700*(CCA(T)/CARBMAX)**EXPCARB)/1000)*C
            A(T,N)/PHI(T,N))
            /(1+OW("DAM1",N)*TE(T)+OW("DAM2",N)*TE(T)**2);
YYTEXOG(T,N)..   Y(T,N)=E=
            (TFP(T,N)*(K(T,N)**GAMMA)*(L(T,N)**(1–GAMMA–
OW("ALPHA",N)))
            *((CA(T,N)/PHI(T,N))**OW("ALPHA",N))–
((EPP("MU",N)+113+700*(CCA(T)/CARBMAX)**EXPCARB)/1000)*C
            A(T,N)/PHI(T,N))*
            DAMCOEFF(T,N);
KFIRST(TFIRST,N)..   K(TFIRST,N)=E=OW("K0",N);
KK(T+1,N)..   K(T+1,N)=E=((1–DELTA/100)**10)*K(T,N)+10*(Y(T,N)–
            C(T,N));

```
BC(T,N)..   C(T,N)=L=Y(T,N);
CCTFIRST(TFIRST)..  CCA(TFIRST)=E=0;
CCACCA(T+1)..        CCA(T+1)=E=CCA(T)+10*SUM(N, CA(T,N));
EE(T)..       E(T)=E=SUM(N, CA(T,N)+LU(T,N));
MFIRST(TFIRST).. M(TFIRST)=E=M0;
MM(T+1)..
M(T+1)=E=10*E(T)+(TRAA/100)*M(T)+(TRUA/100)*MU(T);
MUFIRST(TFIRST)..   MU(TFIRST)=E=MU0;
MUMU(T+1)..
MU(T+1)=E=(TRAU/100)*M(T)+(TRUU/100)*MU(T)+(TRLU/100)*M
       L(T);
MLFIRST(TFIRST)..   ML(TFIRST)=E=ML0;
MLML(T+1).. ML(T+1)=E=(TRUL/100)*MU(T)+(TRLL/100)*ML(T);
TEFIRST(TFIRST)..   TE(TFIRST)=E=TE0;
TETE(T+1)..   TE(T+1)=E=TE(T)+SAT*(F(T)–(4.1/CS)*TE(T)–
                HLAL*(TE(T)–TL(T)));
FF(T)..       F(T)=E=4.1*LOG(M(T)/596.4)/LOG(2)+EXOGFORC(T);
TLFIRST(TFIRST).. TL(TFIRST)=E=TL0;
TLTL(T+1)..   TL(T+1)=E=TL(T)+HGLA*(TE(T)–TL(T));
OBJ..         UTILITY=E=Q*SUM(T, SWDF(T)*SUM(N, C(T,N)));
***SOLVING BASE CASE
MODEL BASE/YYTEXOG, KFIRST, KK, BC, CCTFIRST, CCACCA,
          EE, MFIRST, MM,
          MUFIRST, MUMU, MLFIRST, MLML, TEFIRST, TETE, FF,
          TLFIRST, TLTL, OBJ/;
LOOP (ITER,
SWDF(T)=RHOSTAR(T)/RHOSTAR('1');
BASE.OPTFILE=1;
SOLVE BASE MAXIMIZING UTILITY USING NLP;
RHOPREV(T)=SUM(N, Y.L(T,N)*STPF(T)*L(T,N)/C.L(T,N))/SUM(N,
          Y.L(T,N));
SWDFPREV(T)=RHOPREV(T)/RHOPREV('1');
DISPLAY SWDF, SWDFPREV;
```

```
RHO(T)=RHOSTAR(T)+0.1*(RHOPREV(T)−RHOSTAR(T));
RHOSTAR(T)=RHO(T);
DAMCOEFF(T,N)=1/(1+OW("DAM1",N)*TE.L(T)+OW("DAM2",N)*
                TE.L(T)**2);
DISPLAY TE.L;);
SWDFBASE(T)=SWDF(T);
***
***BASE CASE OUTPUT
PCYRATIO(T,N)=(Y.L(T,N)/L(T,N))/(Y.L("1",N)/L("1",N));
WINDEM(T)=SUM(N, CA.L(T,N));
PDVCBASE=10*1000*UTILITY.L/Q;
DISPLAY PCYRATIO, WINDEM, PDVCBASE;
***
*** SOLVING OPTIMAL CASE
MODEL OPT /YY, KFIRST, KK, BC, CCTFIRST, CCACCA, EE,
            MFIRST, MM,
            MUFIRST, MUMU, MLFIRST, MLML, TEFIRST, TETE, FF,
            TLFIRST, TLTL, OBJ/;
LOOP (REPS,
SWDF(T)=RHOSTAR(T)/RHOSTAR('1');
OPT.OPTFILE=1;
SOLVE OPT MAXIMIZING UTILITY USING NLP;
RHOPREV(T)=SUM(N, Y.L(T,N)*STPF(T)*L(T,N)/C.L(T,N))/SUM(N,
            Y.L(T,N));
SWDFPREV(T)=RHOPREV(T)/RHOPREV('1');
DISPLAY SWDF, SWDFPREV;
RHO(T)=RHOSTAR(T)+0.1*(RHOPREV(T)−RHOSTAR(T));
RHOSTAR(T)=RHO(T););
***
*** OPTIMAL OUTPUT
PCYRATIO(T,N)=(Y.L(T,N)/L(T,N))/(Y.L("1",N)/L("1",N));
WINDEM(T)=SUM(N, CA.L(T,N));
CTAX(T)=−1000*EE.M(T)/YY.M(T, 'USA');
```

```
WPDVC=10*1000*SUM(T, SWDFBASE(T)*SUM(N, C.L(T,N)));
TEI=WPDVC-PDVCBASE;
DISPLAY PCYRATIO, WINDEM, CTAX, TE.L, WPDVC, TEI;
***
*** STARTVAL -STARTING VALUE PROGRAM

PARAMETER
CUMCARB(T)    Approximate cumulative carbon emissions (GTC);
CUMCARB(T)=90*(ORD(T)-1);

EQUATIONS
YYU(T,N)      Output
BCU(T,N)      Budget constraint
KFU(T,N)      First period capital stock
KKU(T,N)      Capital accumulation equation
OBJU          Objective function
YYO(T,N)      Output
BCO(T,N)      Budget constraint
KFO(T,N)      First period capital stock
KKO(T,N)      Capital accumulation equation
OBJO          Objective function
YYE(T,N)      Output
BCE(T,N)      Budget constraint
KFE(T,N)      First period capital stock
KKE(T,N)      Capital accumulation equation
OBJE          Objective function
YYEE(T,N)     Output
BCEE(T,N)     Budget constraint
KFEE(T,N)     First period capital stock
KKEE(T,N)     Capital accumulation equation
OBJEE         Objective function
YYMI(T,N)     Output
BCMI(T,N)     Budget constraint
KFMI(T,N)     First period capital stock
```

KKMI(T,N)   Capital accumulation equation

OBJMI   Objective function

YYLM(T,N)   Output

BCLM(T,N)   Budget constraint

KFLM(T,N)   First period capital stock

KKLM(T,N)   Capital accumulation equation

OBJLM   Objective function

YYC(T,N)   Output

BCC(T,N)   Budget constraint

KFC(T,N)   First period capital stock

KKC(T,N)   Capital accumulation equation

OBJC   Objective function

YYLI(T,N)   Output

BCLI(T,N)   Budget constraint

KFLI(T,N)   First period capital stock

KKLI(T,N)   Capital accumulation equation

OBJLI   Objective function;

YYU(T,"USA")..   Y(T,"USA") =E=

(TFP(T,"USA")*(K(T,"USA")**GAMMA)*(L(T,"USA")**(1–GAMMA–
    OW("ALPHA","USA")))*((CA(T,"USA")/PHI(T,"USA"))**OW("AL
    PHA","USA"))–((EPP("MU","USA")+113+700*(CUMCARB(T)/
    CARBMAX)**EXPCARB)/1000)*CA(T,"USA")/PHI(T,"USA"));

KFU(TFIRST,"USA")..   K(TFIRST,"USA")=E=OW("K0","USA");

KKU(T+1,"USA")..

K(T+1,"USA")=E=((1–DELTA/100)**10)*K(T,"USA")+
    10*(Y(T,"USA")–C(T,"USA")));

BCU(T,"USA")..   C(T,"USA")=L=Y(T,"USA");

OBJU..   UTILITY=E=SUM(T, STPF(T)*L(T,"USA")*
            LOG(C(T,"USA")/L(T,"USA")));

*OHI

YYO(T,"OHI")..   Y(T,"OHI")=E=

(TFP(T,"OHI")*(K(T,"OHI")**GAMMA)*(L(T,"OHI")**(1−GAMMA−
OW("ALPHA","OHI")))*((CA(T,"OHI")/PHI(T,"OHI"))**OW("AL
PHA","OHI"))−((EPP("MU","OHI")+113+700*(CUMCARB(T)/
CARBMAX)**EXPCARB)/1000)*CA(T,"OHI")/PHI(T,"OHI"));

KFO(TFIRST,"OHI").. K(TFIRST,"OHI")=E=OW("K0","OHI");

KKO(T+1,"OHI")..

K(T+1,"OHI")=E=((1−DELTA/100)**10)*K(T,"OHI")+10*(Y(T,"OHI")−
C(T,"OHI"));

BCO(T,"OHI").. C(T,"OHI")=L=Y(T,"OHI");

OBJO.. UTILITY=E=SUM(T, STPF(T)*L(T,"OHI")*
LOG(C(T,"OHI")/L(T,"OHI")));

*EUROPE

YYE(T,"EUROPE").. Y(T,"EUROPE")=E=

(TFP(T,"EUROPE")*(K(T,"EUROPE")**GAMMA)*(L(T,"EUROPE")**(
1−GAMMA−OW("ALPHA","EUROPE")))*((CA(T,"EUROPE")/
PHI(T,"EUROPE"))**OW("ALPHA","EUROPE"))−((EPP("MU",
"EUROPE")+113+700*(CUMCARB(T)/CARBMAX)**EXPCARB)/
1000)*CA(T,"EUROPE")/PHI(T,"EUROPE"));

KFE(TFIRST,"EUROPE").. K(TFIRST,"EUROPE")=E=OW("K0",
"EUROPE");

KKE(T+1,"EUROPE")..

K(T+1,"EUROPE")=E=((1−DELTA/100)**10)*K(T,"EUROPE")
+10*(Y(T,"EUROPE")−C(T,"EUROPE"));

BCE(T,"EUROPE").. C(T,"EUROPE")=L=Y(T,"EUROPE");

OBJE.. UTILITY=E=SUM(T, STPF(T)*L(T,"EUROPE")
*LOG(C(T,"EUROPE")/L(T,"EUROPE")));

*EE

YYEE(T,"EE").. Y(T,"EE")=E=

(TFP(T,"EE")*(K(T,"EE")**GAMMA)*(L(T,"EE")**(1−GAMMA−
OW("ALPHA","EE")))*((CA(T,"EE")/PHI(T,"EE"))**OW("ALPHA
","EE"))−((EPP("MU","EE")+113+700*(CUMCARB(T)/
CARBMAX)**EXPCARB)/1000)*CA(T,"EE")/PHI(T,"EE"));

KFEE(TFIRST,"EE").. K(TFIRST,"EE")=E=OW("K0","EE");

KKEE(T+1,"EE")..

K(T+1,"EE")=E=((1−DELTA/100)**10)*K(T,"EE")+10*(Y(T,"EE")−
C(T,"EE"));

BCEE(T,"EE").. C(T,"EE")=L=Y(T,"EE");

OBJEE.. UTILITY=E=SUM(T, STPF(T)*L(T,"EE")*LOG(C(T,"EE")/
    L(T,"EE")));

*MI

YYMI(T,"MI").. Y(T,"MI")=E=

(TFP(T,"MI")*(K(T,"MI")**GAMMA)*(L(T,"MI")**(1–GAMMA–
    OW("ALPHA","MI")))*((CA(T,"MI")/PHI(T,"MI"))**OW("ALPHA
    ","MI"))–((EPP("MU","MI")+113+700*(CUMCARB(T)/
    CARBMAX)**EXPCARB)/1000)*CA(T,"MI")/PHI(T,"MI"));

KFMI(TFIRST,"MI").. K(TFIRST,"MI")=E=OW("K0","MI");

KKMI(T+1,"MI")..

K(T+1,"MI")=E=((1–DELTA/100)**10)*K(T,"MI")+10*(Y(T,"MI")–
    C(T,"MI"));

BCMI(T,"MI").. C(T,"MI")=L=Y(T,"MI");

OBJMI.. UTILITY=E=SUM(T, STPF(T)*L(T,"MI")*LOG(C(T,"MI")/
    L(T,"MI")));

*LMI

YYLM(T,"LMI").. Y(T,"LMI")=E=

(TFP(T,"LMI")*(K(T,"LMI")**GAMMA)*(L(T,"LMI")**(1–GAMMA–
    OW("ALPHA","LMI")))*((CA(T,"LMI")/PHI(T,"LMI"))**OW("ALP
    HA","LMI"))–((EPP("MU","LMI")+113+700*(CUMCARB(T)/
    CARBMAX)**EXPCARB)/1000)*CA(T,"LMI")/PHI(T,"LMI"));

KFLM(TFIRST,"LMI").. K(TFIRST,"LMI")=E=OW("K0","LMI");

KKLM(T+1,"LMI")..

K(T+1,"LMI")=E=((1–DELTA/100)**10)*K(T,"LMI")+10*(Y(T,"LMI")–
    C(T,"LMI"));

BCLM(T,"LMI").. C(T,"LMI")=L=Y(T,"LMI");

OBJLM.. UTILITY=E=SUM(T, STPF(T)*L(T,"LMI")
    *LOG(C(T,"LMI")/L(T,"LMI")));

*CHINA

YYC(T,"CHINA").. Y(T,"CHINA")=E=

(TFP(T,"CHINA")*(K(T,"CHINA")**GAMMA)*(L(T,"CHINA")**(1–
    GAMMA–OW("ALPHA","CHINA")))*((CA(T,"CHINA")/PHI(T,
    "CHINA"))**OW("ALPHA","CHINA"))–((EPP("MU","CHINA")
    +113+700*(CUMCARB(T)/CARBMAX)**EXPCARB)/1000)*CA(T,"
    CHINA")/PHI(T,"CHINA"));

KFC(TFIRST,"CHINA").. K(TFIRST,"CHINA")=E=OW("K0", "CHINA");

KKC(T+1,"CHINA").. K(T+1,"CHINA")=E=((1-DELTA/100)**10) *K(T,"CHINA")+10*(Y(T,"CHINA")-C(T,"CHINA")));

BCC(T,"CHINA").. C(T,"CHINA")=L=Y(T,"CHINA");

OBJC.. UTILITY=E=SUM(T, STPF(T)*L(T,"CHINA")*LOG(C(T, "CHINA")/L(T,"CHINA"))));

*LI

YYLI(T,"LI").. Y(T,"LI")=E=

(TFP(T,"LI")*(K(T,"LI")**GAMMA)*(L(T,"LI")**(1-GAMMA- OW("ALPHA","LI")))*((CA(T,"LI")/PHI(T,"LI"))**OW("ALPHA", "LI"))-((EPP("MU","LI")+113+700*(CUMCARB(T)/ CARBMAX)**EXPCARB)/1000)*CA(T,"LI")/PHI(T,"LI"));

KFLI(TFIRST,"LI").. K(TFIRST,"LI")=E=OW("K0","LI");

KKLI(T+1,"LI")..

K(T+1,"LI")=E=((1-DELTA/100)**10)*K(T,"LI")+10*(Y(T,"LI")- C(T,"LI"));

BCLI(T,"LI").. C(T,"LI")=L=Y(T,"LI");

OBJLI.. UTILITY=E=SUM(T, STPF(T)*L(T,"LI")*LOG(C(T,"LI")/L(T,"LI"))));

MODEL SVUSA /YYU, KFU, KKU, BCU, OBJU/;

SVUSA.OPTFILE=1;

SOLVE SVUSA MAXIMIZING UTILITY USING NLP;

SOLVE SVUSA MAXIMIZING UTILITY USING NLP;

MODEL SVOHI /YYO, KFO, KKO, BCO, OBJO/;

SVOHI.OPTFILE=1;

SOLVE SVOHI MAXIMIZING UTILITY USING NLP;

SOLVE SVOHI MAXIMIZING UTILITY USING NLP;

MODEL SVEUROPE /YYE, KFE, KKE, BCE, OBJE/;

SVEUROPE.OPTFILE=1;

SOLVE SVEUROPE MAXIMIZING UTILITY USING NLP;

SOLVE SVEUROPE MAXIMIZING UTILITY USING NLP;

MODEL SVEE /YYEE, KFEE, KKEE, BCEE, OBJEE/;

SVEE.OPTFILE=1;

```
SOLVE SVEE MAXIMIZING UTILITY USING NLP;
SOLVE SVEE MAXIMIZING UTILITY USING NLP;
MODEL SVMI    /YYMI, KFMI, KKMI, BCMI, OBJMI/;
SVMI.OPTFILE=1;
SOLVE SVMI MAXIMIZING UTILITY USING NLP;
SOLVE SVMI MAXIMIZING UTILITY USING NLP;
MODEL SVLMI    /YYLM, KFLM, KKLM, BCLM, OBJLM/;
SVLMI.OPTFILE=1;
SOLVE SVLMI MAXIMIZING UTILITY USING NLP;
SOLVE SVLMI MAXIMIZING UTILITY USING NLP;
MODEL SVCHINA    /YYC, KFC, KKC, BCC, OBJC/;
SVCHINA.OPTFILE=1;
SOLVE SVCHINA MAXIMIZING UTILITY USING NLP;
SOLVE SVCHINA MAXIMIZING UTILITY USING NLP;
MODEL SVLI /YYLI, KFLI, KKLI, BCLI, OBJLI/;
SVLI.OPTFILE=1;
SOLVE SVLI MAXIMIZING UTILITY USING NLP;
SOLVE SVLI MAXIMIZING UTILITY USING NLP;
PARAMETERS
SVE(T)     Starting value emissions          (GtC per year)
SVM(T)     Starting value concentration      (GtC)
SVMU(T)    Starting value upper level conc   (GtC)
SVML(T)    Starting value deep ocean conc    (GtC)
SVF(T)     Starting value forcing            (W per m squared)
SVT(T)     Starting value temperature        (deg C from 1900)
SVTL(T)    Starting value deep ocean         (deg C from 1900);
           temperature
SVE(T)=SUM(N, CA.L(T,N))+SUM(N, LU(T,N));
SVM('1')=M0;
SVMU('1')=MU0;
SVML('1')=ML0;
```

```
LOOP (T,
    SVM(T+1)=10*SVE(T)+(TRAA/100)*SVM(T)+(TRUA/100)*
            SVMU(T);
    SVMU(T+1)=(TRAU/100)*SVM(T)+(TRUU/100)*SVMU(T)
        +(TRLU/100)*SVML(T);
    SVML(T+1)=(TRUL/100)*SVMU(T)+(TRLL/100)*SVML(T););
SVF(T)=4.1*LOG(SVM(T)/596.4)/LOG(2)+EXOGFORC(T);
SVT('1')=TE0;
SVTL('1')=TL0;
LOOP (T,
    SVT(T+1)=SVT(T)+SAT*(SVF(T)-(4.1/CS)*SVT(T)-HLAL*(SVT(T)-
        SVTL(T)));
    SVTL(T+1)=SVTL(T)+HGLA*(SVT(T)-SVTL(T)););
***

*** MINOS5.OPT-INCREASE MAXIMUM ITERATIONS FOR
    MINOS SOLVER
BEGIN GAMS/MINOS OPTIONS
Major iterations 6000
END GAMS/MINOS OPTIONS
```

附录 E |

DICE-99 模型的 GAMS 代码

SETS T	Time periods	/1*35/
TFIRST(T)	First period	
TLAST(T)	Last period	
tearly(T)	First 20 periods	
TLATE(T)	Second 20 periods;	

TFIRST(T) = YES$(ORD(T) EQ 1);
TLAST(T) = YES$(ORD(T) EQ CARD(T));
TEARLY(T) = YES$(ORD(T) LE 20);
TLATE(T) = YES$(ORD(T) GE 21);

SCALARS

A1	Damage coeff linear term	/−.0045/
A2	Damage coeff quadratic term	/.0035/
COST10	Intercept control cost function	/.03/
COST2	Exponent of control cost function	/2.15/
dmiufunc	Decline in cost of abatement function (pct per decade)	/−8/
decmiu	Change in decline of cost function (pct per year)	/.5/
DK	Depreciation rate on capital (pct per year)	/10/
GAMA	Capital elasticity in production function	/.30/
K0	1990 value capital trillion 1990 US dollars	/47/
LU0	Initial land use emissions (GtC per year)	/1.128/
SIG0	CO2-equivalent emissions-GNP ratio	/.274/

GSIGMA	Growth of sigma (pct per decade)	/–15.8854/
desig	Decline rate of decarbonization (pct per decade)	/2.358711/
desig2	Quadratic term in decarbonization	/–.00085/
WIEL	World industrial emissions limit (GtC per year)	/5.67/
LL0	1990 world population (millions)	/5632.7/
GL0	Initial rowth rate of population (pct per decade)	/15.7/
DLAB	Decline rate of pop growth (pct per decade)	/22.2/
A0	Initial level of total factor productivity	/.01685/
GA0	Initial growth rate for technology (pct per decade)	/3.8/
DELA	Decline rate of technol. change per decade	/.000001/
MAT1990	Concentration in atmosphere 1990 (b.t.c.)	/735/
MU1990	Concentration in upper strata 1990 (b.t.c)	/781/
ML1990	Concentration in lower strata 1990 (b.t.c)	/19230/
b11	Carbon cycle transition matrix (pct per decade)	/66.616/
b12	Carbon cycle transition matrix	/33.384/
b21	Carbon cycle transition matrix	/27.607/
b22	Carbon cycle transition matrix	/60.897/
b23	Carbon cycle transition matrix	/11.496/
b32	Carbon cycle transition matrix	/0.422/
b33	Carbon cycle transition matrix	/99.578/
TL0	1985 lower strat. temp change (C) from 1900	/.06/
T0	1985 atmospheric temp change (C)from 1900	/.43/
C1	Climate-equation coefficient for upper level	/.226/
CS	Eq temp increase for CO2 doubling (C)	/2.9078/
C3	Transfer coeffic. upper to lower stratum	/.440/
C4	Transfer coeffic for lower level	/.02/
SRTP	Initial rate of social time preference (pct per year)	/3/

DR	Decline rate of social time preference (pct per year)	/.25719/
coefopt1	Scaling coefficient in the objective function	/333.51/
coefopt2	Scaling coefficient in the objective function	/622.78/;

PARAMETERS

cost1(t)	cost function for abatement
gcost1(t)	
ETREE(T)	Emissions from deforestation
GSIG(T)	Cumulative improvement of energy efficiency
SIGMA(T)	CO2-equivalent-emissions output ratio
WEL(T)	World total emissions limit (GtC)
L(T)	Level of population and labor
GL(T)	Growth rate of labor 0 to T
AL(T)	Level of total factor productivity
GA(T)	Growth rate of productivity from 0 to T
FORCOTH(T)	Exogenous forcing for other greenhouse gases
R(T)	Instantaeous rate of social time preference
RR(T)	Average utility social discount rate;

```
gcost1(T)=(dmiufunc/100)*EXP(–(decmiu/100)*10*(ORD(T)–1));
cost1("1")=cost10;
LOOP(T,
cost1(T+1)=cost1(T)/((1+gcost1(T+1))););
ETREE(T) = LU0*(1–0.1)**(ord(T)–1);
gsig(T)=(gsigma/100)*EXP(–(desig/100)*10*(ORD(T)–1) – desig2*10*
   ((ord(t)–1)**2));
sigma("1")=sig0;
LOOP(T,
sigma(T+1)=(sigma(T)/((1–gsig(T+1)))););
WEL(T)=WIEL+ETREE(T);
GL(T) = (GL0/DLAB)*(1–exp(–(DLAB/100)*(ord(t)–1)));
L(T)=LL0*exp(GL(t));
ga(T)=(ga0/100)*EXP(–(dela/100)*10*(ORD(T)–1));
```

al("1") = a0;

LOOP(T,

al(T+1)=al(T)/((1−ga(T))););

FORCOTH(T)=(−0.1965+(ORD(T)−1)*0.13465)\$

(ORD(T) LT 12) + 1.15\$(ORD(T) GE 12);

R(T)=(srtp/100)*EXP(−(DR/100)*10*(ORD(T)−1));

RR("1")=1;

LOOP(T,

RR(T+1)=RR(T)/((1+R(T))**10););

VARIABLES

Y(T)	Output
I(T)	Investment trill US dollars
K(T)	Capital stock trill US dollars
E(T)	CO2-equivalent emissions bill t
MIU(T)	Emission control rate GHGs
MAT(T)	Carbon concentration in atmosphere (b.t.c.)
MU(T)	Carbon concentration in shallow oceans (b.t.c.)
ML(T)	Carbon concentration in lower oceans (b.t.c.)
TE(T)	Temperature of atmosphere (C)
FORC(T)	Radiative forcing (W per m2)
TL(T)	Temperature of lower ocean (C)
C(T)	Consumption trill US dollars

UTILITY;

POSITIVE VARIABLES MIU, TE, E, Mat, mu, ml, Y, C, K, I;

EQUATIONS

YY(T)	Output equation
CC(T)	Consumption equation
KK(T)	Capital balance equation
KK0(T)	Initial condition for K
KC(T)	Terminal condition for K
EE(T)	Emissions process
MMAT0(T)	Starting atmospheric concentration

MMAT(T)　　Atmospheric concentration equation

MMU0(T)　　Initial shallow ocean concentration

MMU(T)　　Shallow ocean concentration

MML0(T)　　Initial lower ocean concentration

MML(T)　　Lower ocean concentration

TTE(T)　　Temperature-climate equation for atmosphere

TTE0(T)　　Initial condition for atmospheric temperature

FORCE(T)　　Radiative forcing equation

TLE(T)　　Temperature-climate equation for lower oceans

TLE0(T)　　Initial condition for lower ocean

UTIL　　Objective function;

** Equations of the model

KK(T)..　K(T+1) =L= (1–(DK/100))**10 *K(T)+10*I(T);

KK0(TFIRST)..　K(TFIRST) =E= K0;

KC(TLAST)..　.02*K(TLAST) =L= I(TLAST);

EE(T)..　E(T)=G=10*SIGMA(T)*(1–(MIU(T)/100))*AL(T)*L(T)**(1–
　GAMA)*K(T)**GAMA + ETREE(T);

FORCE(T)..　FORC(T) =E= 4.1*((log(Mat(T)/596.4)/log(2)))
　+FORCOTH(T);

MMAT0(TFIRST)..　MAT(TFIRST) =E= MAT1990;

MMU0(TFIRST)..　MU(TFIRST) =E= MU1990;

MML0(TFIRST)..　ML(TFIRST) =E= ML1990;

MMAT(T+1)..　MAT(T+1) =E= MAT(T)*(b11/100)+E(T)
　+MU(T)*(b21/100);

MML(T+1)..　ML(T+1) =E= ML(T)*(b33/100)+(b23/100)*MU(T);

MMU(T+1)..　MU(T+1) =E= MAT(T)*(b12/100)+MU(T)*(b22/100)
　+ML(T)*(b32/100);

TTE0(TFIRST)..　TE(TFIRST) =E= T0;

TTE(T+1)..　TE(T+1) =E= TE(t)+C1*(FORC(t)–(4.1/CS)*TE(t)–
　C3*(TE(t)–TL(t)));

TLE0(TFIRST)..　TL(TFIRST) =E= TL0;

TLE(T+1)..　TL(T+1) =E= TL(T)+C4*(TE(T)–TL(T));

YY(T)..　Y(T) =E= AL(T)*L(T)**(1–GAMA)*K(T)**GAMA*(1–
　cost1(t)*((MIU(T)/100)**cost2))/(1+a1*TE(T)+ a2*TE(T)**2);

CC(T).. C(T) =E= Y(T)–I(T);

UTIL.. UTILITY =E= SUM(T, 10 *RR(T)*L(T)*LOG(C(T)/L(T))/ coefopt1)+coefopt2;

** Upper and Lower Bounds: General conditions imposed for stability

MIU.up(T) = 1.0;

MIU.lo(T) = 0.000001;

K.lo(T) = 1;

TE.up(t) = 12;

MAT.lo(T) = 10;

MU.lo(t) = 100;

ML.lo(t) = 1000;

C.lo(T) = 2;

** Emissions control policy. Current setting is for optimal policy.
** Reinstate equation "Miu.fx(t) = .0" for no-control run.
MIU.fx(t)= 0;
** Solution options

option iterlim = 99900;

option reslim = 99999;

option solprint = on;

option limrow = 0;

option limcol = 0;

model CO2 /all/;
solve CO2 maximizing UTILITY using nlp;
** Display of results
display y.l, e.l, mat.l, te.l;

Parameters

Year(t) Date

Indem(t) Industrial emissions (b.t.c. per year)

Wem(t) Total emissions (b.t.c. per year)

S(t) Savings rate (pct);

Year(t) = 1995 +10*(ord(t)–1);

Indem(t) = e.l(t)–etree(t);

```
Wem(t)   = e.l(t);
S(t) = 100*i.l(t)/y.l(t);

display s;

Parameters
Tax(t)        Carbon tax ($ per ton)
damtax(t)    Concentration tax ($ per ton)
dam(t)        Damages
cost(t)       Abatement costs;

tax(t)       = −1*ee.m(t)*1000/(kk.m(t));
damtax(t) = −1*mmat.m(t)*1000/kk.m(t);
dam(t)      = y.l(t)*(1−1/(1+a1*te.l(t)+ a2*te.l(t)**2));
cost(t)      = y.l(t)*(cost1(t)*(miu.l(t)**cost2));

File d99oute;
D99oute.pc=5;
D99oute.pw=250;
Put d99oute;
Put / "base (no control) run";
Put / "year";
Loop (tearly, put year(tearly)::0);
Put / "output";
Loop (tearly, put y.l(tearly)::3);
Put / "indem";
Loop (tearly, put indem(tearly)::4);
Put / "sigma";
Loop (tearly, put sigma(tearly)::4);
Put / "temp";
Loop (tearly, put te.l(tearly)::3);
Put / "conc";
Loop (tearly, put mat.l(tearly)::3);
Put / "ctax";
Loop (tearly, put tax(tearly)::2);
Put / "discrate";
```

```
Loop (tearly, put rr(tearly)::5);
Put / "prod";
Loop (tearly, put al(tearly)::3);
Put / "exogforc";
Loop (tearly, put forcoth(tearly)::3);
Put / "pop";
Loop (tearly, put l(tearly)::3);
Put / "etree";
Loop (tearly, put etree(tearly)::4);
Put / "margy";
Loop (tearly, put yy.m(tearly)::3);
Put / "margc";
Loop (tearly, put cc.m(tearly)::3);
Put / "miu";
Loop (tearly, put miu.l(tearly)::3);
Put / "total emissions";
Loop (tearly, put wem(tearly)::3);
Put / "damages";
Loop (tearly, put dam(tearly)::5);
Put / "abatement cost";
Loop (tearly, put cost(tearly)::5);
Put /"objective function";
Put utility.l::3;

File d99outL;
D99outL.pc=5;
D99outL.pw=250;
Put d99outL;
Put / "base (no control) run";
Put / "year";
Loop (tlate, put year(tlate)::0);
Put / "output";
Loop (tlate, put y.l(tlate)::3);
```

```
Put / "indem";
Loop (tlate, put indem(tlate)::4);
Put / "sigma";
Loop (tlate, put sigma(tlate)::4);
Put / "temp";
Loop (tlate, put te.l(tlate)::3);
Put / "conc";
Loop (tlate, put mat.l(tlate)::3);
Put / "ctax";
Loop (tlate, put tax(tlate)::2);
Put / "discrate";
Loop (tlate, put rr(tlate)::5);
Put / "prod";
Loop (tlate, put al(tlate)::3);
Put / "exogforc";
Loop (tlate, put forcoth(tlate)::3);
Put / "pop";
Loop (tlate, put l(tlate)::3);
Put / "etree";
Loop (tlate, put etree(tlate)::4);
Put / "margy";
Loop (tlate, put yy.m(tlate)::3);
Put / "margc";
Loop (tlate, put cc.m(tlate)::3);
Put / "miu";
Loop (tlate, put miu.l(tlate)::3);
Put / "total emissions";
Loop (tlate, put wem(tlate)::3);
Put / "damages";
Loop (tlate, put dam(tlate)::5);
Put / "abatement cost";
Loop (tlate, put cost(tlate)::5);
```

参考书目 |

Broecker, Wallace S. 1997. "Thermohaline Circulation, the Achilles Heel of Our Climate System: Will Man-Made CO_2 Upset the Current Balance." *Science* 278 (November 28): 1582–1588.

Cline, William. 1992a. *The Economics of Global Warming.* Washington, D.C.: Institute of International Economics.

Dansgaard, W. et al. 1993. "Evidence for General Instability of Past Climate from a 250-Kyr Ice-Core Record." *Nature* (July 15): 218–220.

Darwin, Roy, Marinos Tsigas, Jan Lewandrowski, and Anton Raneses. 1995. *World Agriculture and Climate Change.* U. S. Department of Agriculture, Agricultural Economic Report No. 703, June.

Dinar, Ariel, Robert Mendelsohn, Robert Evenson, Jyoti Parikh, Apurva Sanghi, Kavi Kumar, James McKinsey, and Stephen Lonergan. 1998. *Measuring the Impact of Climate Change on Indian Agriculture.* World Bank Technical Paper No. 402.

Eisner, Robert. 1989. *The Total Incomes System of Accounts.* Chicago: University of Chicago Press.

Energy Information Agency, U.S. Department of Energy. 1996. *Emissions of Greenhouse Gases in the United States, 1996.* Washington, D.C.: GPO.

Fankhauser, Samuel. 1995. *Valuing Climate Change: The Economics of the Greenhouse Effect.* London: Earthscan.

IPCC. 1990. Intergovernmental Panel on Climate Change, *Climate Change: The IPCC Scientific Assessment,* J. T. Houghton, G. J. Jenkins, and J. J. Ephraums, eds. U.K. and NY: Cambridge University Press.

IPCC. 1995. Intergovernmental Panel on Climate Change, *Climate Change 1994: Radiative Forcing of Climate Change and An Evaluation of the IPCC IS92 Emissions Scenarios.* Cambridge, U.K.: Cambridge University Press.

IPCC. 1996a. Intergovernmental Panel on Climate Change, *Climate Change 1995: The Science of Climate Change. The Contribution of Working Group I to the Second Assessment Report of the Intergovernmental Panel on Climate Change,* J. P. Houghton, L. G. Meira Filho, B. A. Callendar, A. Kattenberg, and K. Maskell, eds. Cambridge, U.K.: Cambridge University Press.

IPCC. 1996b. Intergovernmental Panel on Climate Change, *Climate Change 1995: Impacts, Adaptation, and Mitigation of Climate Change: Scientific-Technical Analysis. The Contribution of Working Group II to the Second Assessment Report of the Intergovernmental Panel on Climate Change*, R. T. Watson, M. C. Zinyowera, R. H. Moss, eds. Cambridge, U.K.: Cambridge University Press.

IPCC. 1996c. Intergovernmental Panel on Climate Change *Climate Change 1995: Economic and Cross-Cutting Issues. The Contribution of Working Group III to the Second Assessment Report of the Intergovernmental Panel on Climate Change*, J. P. Bruce, H. Lee, and E. F. Haites, eds. Cambridge, U.K.: Cambridge University Press.

Kolstad, Charles D. 1998. "Integrated Assessment Modeling of Climate Change." In Nordhaus 1998b.

Koopmans, Tjalling. 1967. "Objectives, Constraints, and Outcomes in Optimal Growth Models." *Econometrica* 35: 1–15.

Maddison, Angus. 1995. *Monitoring the World Economy 1820–1992*. Paris: OECD Development Centre.

——. 1998a. *Chinese Economic Performance in the Long Run*. Paris and Washington, D.C.: OECD Development Centre.

——. 1998b. "Economic Growth Since 1500 A.D.: Problems of Measurement, Interpretation, and Explanation." Twelfth Annual Kuznets Lectures. Yale University Department of Economics, November 4–6.

Mendelsohn, Robert, and James E. Neumann. 1999. *The Impact of Climate Change on the United States Economy*. Cambridge, U.K.: Cambridge University Press.

Murray, Christopher J. L., and Alan D. Lopez, eds. 1996. *The Global Burden of Disease*. Harvard School of Public Health. Cambridge, MA: Harvard University Press.

Nakicenovic, Nebojsa, Arnulf Grubler, and Alan McDonald, eds. 1998. *Global Energy Perspectives*. Cambridge, U.K.: Cambridge University Press.

National Academy of Sciences. 1992. Committee on Science, Engineering, and Public Policy, *Policy Implications of Greenhouse Warming: Mitigation, Adaptation, and the Science Base*. Washington, D.C.: National Academy Press.

Negishi, T. 1960. "Welfare Economics and the Existence of an Equilibrium for a Competitive Economy." *Metroeconomica* 12: 92–97.

Nordhaus, William D. 1989. "The Economics of the Greenhouse Effect." *Paper presented at the International Energy Workshop*. Laxenburg, Austria, June.

——. 1990a. "Slowing the Greenhouse Express: The Economics of Greenhouse Warming." In Henry Aaron, ed. *Setting National Priorities*. Washington, D.C.: Brookings Institution.

——. 1991a. "To Slow or Not to Slow: The Economics of the Greenhouse Effect." *The Economic Journal* 101 (July): 920–937.

——. 1994a. "Expert Opinion on Climatic Change." *American Scientist* 82 (January–February): 45–51.

——. 1994b. *Managing the Global Commons: The Economics of Climate Change*. Cambridge, MA: MIT Press.

——. 1998a. "Discounting and Public Policies That Affect the Distant Future." In Portney and Weyant. 1999.

——. ed. 1998b. *Economic and Policy Issues in Climate Change*. Washington, D.C.: Resources for the Future Press.

——. 1998c. "Impact of Climate and Climate Change on Non-Market Time Use." Yale University, processed, September 30.

Nordhaus, William D., and Joseph Boyer. 1999. "Requiem for Kyoto: An Economic Analysis of the Kyoto Protocol." In Weyant. 1999.

Nordhaus, William D., and James Tobin. 1972. "Is Growth Obsolete?" In *Economic Growth*, Fiftieth Anniversary Colloquium V, National Bureau of Economic Research. New York: Columbia University Press.

Nordhaus, William D., and Zili Yang. 1996. "A Regional Dynamic General-Equilibrium Model of Alternative Climate-Change Strategies." *American Economic Review* 86, no. 4 (September): 741–765.

Portney, Paul, and John Weyant, eds. 1999. *Discounting and Intergenerational Equity*. Washington, D.C.: Resources for the Future.

Ramsey, Frank P. 1928. "A Mathematical Theory of Saving." *The Economic Journal* (December): 543–559.

Robinson, John W., and Geoffrey Godbey. 1997. *Time for Life: The Surprising Ways Americans Use Their Time*. University Park, PA: Pennsylvania University Press.

Rogner, Hans Holger. 1997. "An Assessment of World Hydrocarbon Resources." *Annual Review of Energy and the Environment* 22: 217–262.

Rosenthal, D. H., H. K. Gruenspecht, and E. A. Moran. 1994. *Effects of Global Warming on Energy Use for Space Heating and Cooling in the United States*. Mimeo. Washington, D.C.: U.S. Department of Energy.

Sanghi, Apurva, Robert Mendelsohn, and Ariel Dinar. 1998. "The Climate Sensitivity of Indian Agriculture." In Dinar et al. 1998.

Schimmelpfennig, David. 1996. *Agricultural Adaptation to Climate Change*. U. S. Department of Agriculture, Agricultural Economic Report No. 740, June.

Schlesinger, Michael E., and Xingjian Jiang. 1990. "Simple Model Representation of Atmosphere-Ocean GCMs and Estimation of the Timescale of CO_2-Induced Climate Change." *Journal of Climate* (December): 12–15.

Schneider, Stephen H., and Starley L. Thompson. 1981. "Atmospheric CO_2 and Climate: Importance of the Transient Response." *Journal of Geophysical Research* 86, no. C4 (April 20): 3135–3147.

Schultz, Peter A., and James F. Kasting. 1997. "Optimal Reductions in CO_2 Emissions." *Energy Policy* 25, no. 5: 491–500.

Solow, Robert M. 1970. *Growth Theory: An Exposition*. New York: Oxford University Press.

Statistical Abstract. 1997. *Statistical Abstract of the United States*. Washington, D.C.: GPO.

Stocker, T. F., and A. Schmitter. 1997. "Rate of Global Warming Determines the Stability of the Ocean-Atmosphere System." *Nature* 388: 862–865.

Stouffer, R. J., S. Manabe, and K. Bryan. 1989. "Interhemispheric Asymmetry in Climate Response to a Gradual Increase of Atmospheric CO_2." *Nature* 342 (December 7): 660–662.

Taylor, K. C., et al. 1993. "The 'Flickering Switch' of Late Pleistocene Climate Change." *Nature* 361 (February 4): 432–436.

Tol, R. S. J. 1995. "The Damage Costs of Climate Change: Towards More Comprehensive Calculations." *Environmental and Resource Economics* 5: 353–374.

Tolley, George S., Donald Scott Kenkel, and Robert Fabian, eds. 1994. *Valuing Health for Policy*. Chicago, Illinois: University of Chicago Press.

Toth, Ferenc et al. 1998. "Kyoto and the Long-term Climate Stabilization." Working paper, PIK (Potsdam Institute for Climate Impact Research).

Weyant, John P., ed. 1999. *The Costs of the Kyoto Protocol: A Multi-Model Evaluation*. Special issue of *The Energy Journal*.

Wigley, T. M. L. 1998. "The Kyoto Protocol: CO_2, CH_4, and Climate Implications." *Geophysical Research Letters* 25, no. 13 (July 1): 2285–2288.

Wigley, T. M. L., M. Solomon, and S. C. B. Raper. 1994. "Model for the Assessment of Greenhouse-Gas Induced Climate Change." Version 1.2. Unversity of East Anglia, U.K.: Climate Research Unit.

Yohe, Gary W., and Michael E. Schlesinger. 1998. "Sea-Level Change: The Expected Economic Cost of Protection or Abandonment in the United States." *Climatic Change* 38: 337–342.

Other Useful Sources

Amano, Akihiro. 1992. "Economic Costs of Reducing CO_2 Emissions: A Study of Modeling Experience in Japan." In Kaya et al. 1993.

Ausubel, Jesse H. 1993. "Mitigation and Adaptations for Climate Change: Answers and Questions." In Kaya et al. 1993.

Ausubel, Jesse H., and William D. Nordhaus. 1983. "A Review of Estimates of Future Carbon Dioxide Emissions." In National Research Council: 153–185.

Boden, Thomas A., Paul Kanciruk, and Michael P. Farrell eds. 1990. *Trends '90: A Compendium of Data on Global Change*. Carbon Dioxide Information Analysis Center, ORNL/CDIAC-36, August. Oak Ridge, TE: Oak Ridge National Laboratory.

Broecker, W. S., and T. H. Peng. 1982. "Tracers in the Sea." Palisades, NY: Eldigio Press, Lamont-Doherty Geological Observatory.

Brooke, Anthony, David Kendrick, and Alexander Meeraus. 1988. *GAMS: A User's Guide*. Redwood City, CA: The Scientific Press.

Cline, William. 1991. "The Economics of the Greenhouse Effect." *The Economic Journal* 101 (July): 920–937.

———. 1992b. "Discounting." Paper presented to the International Workshop on Costs, Impacts, and Possible Benefits of CO_2 Mitigation. September. Laxenburg, Austria: IIASA.

Coolfont Workshop. 1989. *Climate Impact Response Functions: Report of a Workshop Held at Coolfont, West Virginia.* September 11–14. Washington, DC: National Climate Program Office.

Dean, Andrew, and Peter Hoeller. 1992. *Costs of Reducing CO_2 Emissions: Evidence from Six Global Models.* OCDE/GD(92)140. Organisation for Economic Cooperation and Development, processed, Paris.

Dubin, Jeffrey A. 1992. "Market Barriers to Conservation: Are Implicit Discount Rates Too High?" In Matthew G. Nagler, ed. *The Economics of Energy Conservation.* Proceedings of a POWER Conference, Berkeley, CA.

EC. 1992a. *The Climate Challenge: Economic Aspects of the Community's Strategy for Limiting CO_2 Emissions.* Commission of the European Communities. No. 51, ECSC-EEC-EAEC. Brussels. May.

EC. 1992b. *The Economics of Limiting CO_2 Emissions.* Commission of the European Communities, Special edition no. 1,ECSC-EEC-EAEC. Brussels.

Edmonds, J. A., and J. M. Reilly. 1983. "Global Energy and CO_2 to the Year 2050." *The Energy Journal* 4: 21–47.

Edmonds, J. A., J. M. Reilly, R. H. Gardner, and A. Brenkert. 1986. *Uncertainty in Future Energy Use and Fossil Fuel CO_2 Emissions 1975 to 2075.* DOE/NBB-0081. Department of Energy, Washington, D.C., December.

Eizenstat, Stuart. 1998. *Statement.* Testimony before Subcommittee on Energy and Power, U.S. Congress, House Commerce Committee, March 4.

EPA. 1989. *The Potential Effects of Global Climate Change on the United States: Report to Congress.* EPA-230-05-89-050. U. S. Environmental Protection Agency, December.

EPA. 1990. Lashof Daniel A., and Dennis A. Tirpak, eds. *Policy Options for Stabilizing Global Climate.* New York: Hemisphere Pub. Corp.

Gaskins, Darius W., and John P. Weyant. 1993. "EMF-12: Modeling Comparisons of the Costs of Reducing CO_2 Emissions." *American Economic Review* (May): 318–323.

Gordon, Robert, Tjalling Koopmans, William Nordhaus, and Brian Skinner. 1988. *Toward a New Iron Age?* Cambridge, MA: Harvard University Press.

GRIP. 1993. Greenland Ice-Core Project (GRIP) Members. "Climate Instability during the Last Interglacial Period Recorded in the GRIP Ice Core." *Nature* (July 15): 203–208.

Grossman, Sanford J., and Robert J. Shiller. 1981. "The Determinants of the Variability of Stock Market Prices." *American Economic Review* 71 (May): 222–227.

Hammitt, James K., Robert J. Lempert, and Michael E. Schlesinger. 1992. "A Sequential-Decision Strategy for Abating Climate Change." *Nature* 357 (May 28): 315–318.

Henrion, M., and B. Fischoff. 1986. "Assessing Uncertainty in Physical Constants." *American Journal of Physics* 54, no. 9 (September): 791–798.

Hoeller, Peter, Andrew Dean, and Masahiro Hayafumi. 1992. *New Issues, New Results: The OECD's Second Survey of the Macroeconomic Costs of Reducing CO_2 Emissions.* OCDE/GD(92)141. Organisation for Economic Cooperation and Development, processed, Paris.

Ibbotson, Roger G., and Gary P. Brinson. 1987. *Investment Markets*. New York: McGraw-Hill.

Jones, P. D., T. M. L. Wigley, and P. B. Wright. 1990. *Global and Hemispheric Annual Temperature Variations Between 1861 and 1988*. NDP-022/R1. Oak Ridge, TE: Carbon Dioxide Information Center, Oak Ridge National Laboratory.

Jorgenson, Dale W., and Peter J. Wilcoxen. 1990. "The Cost of Controlling U. S. Carbon Dioxide Emissions." Paper presented at a Workshop on Economic/Energy/Environmental Modeling for Climate Policy Analysis, Washington, D.C., October.

Jorgenson, Dale W., and Peter J. Wilcoxen. 1991. "Reducing U. S. Carbon Dioxide Emissions: The Cost of Different Goals." In John R. Moroney, ed. *Energy, Growth, and the Environment*: 125–128. Greenwich, CT: JAI Press.

Kasting, James F., and James C. G. Walker. 1992. "The Geochemical Carbon Cycle and the Uptake of Fossil Fuel CO_2." In B. G. Levi, D. Hafemeister, and R. Scribner, eds. *Global Warming: Physics and Facts*. AIP Conference Proceedings 247: 175–200. New York: American Institute of Physics.

Kaya, Y., N. Nakicenovic, W. D. Nordhaus, and F. L. Toth. 1993. *Costs, Impacts, and Benefits of CO_2 Mitigation*. CP-93-2. International Institute for Systems Analysis. Laxenburg, Austria.

Kolstad, Charles D. 1993. "Looking vs. Leaping: The Timing of CO_2 Control in the Face of Uncertainty and Learning." In Kaya et al. 1993.

Lashof, Daniel A., and Dilip R. Ahuja. 1990. "Relative Contributions of Greenhouse Gas Emissions to Global Warming." *Nature* 344 (April 5): 529–531.

Levhari, D., and T. N. Srinivasan. 1969. "Optimal Savings Under Uncertainty." *Review of Economic Studies* 36 (April): 153–163.

Lind, Robert C., ed. 1982. *Discounting for Time and Risk in Energy Policy*. Washington, D.C.: Resources for the Future.

Lindzen, Richard. 1992. "Global Warming." *Regulation*, Summer.

Luce, R. Duncan, and Howard Raiffa. 1958. *Games and Decisions: Introduction and Critical Surveys*. New York: Wiley and Sons.

Machta, Lester. 1972. "The Role of the Oceans and Biosphere in the Carbon Dioxide Cycle." *Nobel Symposium* 20: 121–145.

Maier-Reimer, E., and K. Hasselmann. 1987. "Transport and Storage of Carbon Dioxide in the Ocean, and an Organic Ocean-circulation Carbon Cycle Model." *Climate Dynamics* 2: 63–90.

Manabe, S., and R. J. Stouffer. 1988. "Two Stable Equilibria of a Coupled Ocean-Atmosphere Model." *Journal of Climate* 1: 841–866.

Manabe, S., R. J. Stouffer, M. J. Spelman, and K. Bryan. 1991. "Transient Response of a Coupled Ocean-Atmospheric Model to Gradual Changes of Atmospheric CO_2, Part I: Annual Mean Response." *Journal of Climate* 4: 785–818.

Manabe, S., and R. J. Stouffer. 1993. "Century-Scale Effects of Increased Atmospheric CO_2 on the Ocean-Atmospheric System." *Nature* 364 (July 15): 215–218.

Manne, Alan S., and Richard G. Richels. 1990a. "CO_2 Emission Limits: An Economic Cost Analysis for the USA." *The Energy Journal* 11, no. 2 (April): 51–74.

——. 1990b. "Estimating the Energy Conservation Parameter." processed, November.

——. 1992. *Buying Greenhouse Insurance: The Economic Costs of CO_2 Emission Limits.* Cambridge, MA: MIT Press.

Mendelsohn, Robert. 1998. "Overview of Damage Estimates." Paper presented at the EMF Workshop.

Mendelsohn, Robert, William Nordhaus, and Dai Gee Shaw. 1993. "The Impact of Climate on Agriculture: A Ricardian Approach." In Kaya et al. 1993.

Mendelsohn, Robert, William D. Nordhaus, and DaiGee Shaw. 1994. "The Impact of Global Warming on Agriculture: A Ricardian Approach." *American Economic Review* 84, no. 4 (September): 753–771.

Mendelsohn, Robert, William D. Nordhaus, and DaiGee Shaw. 1996. "Climate Impacts on Aggregate Farm Values: Accounting for Adaptation." *Agriculture and Forest Meteorology* 80.

Morgan, M. G., and M. Henrion. 1990. *Uncertainty: A Guide to Dealing with Uncertainty in Quantitative Risk and Policy Analysis.* New York: Cambridge University Press.

Nakicenovic, Nebojsa, William D. Nordhaus, Richard Richels, and Ferenc Toth. 1994. *Integrative Assessment of Mitigation, Impacts, and Adaptation to Climate Change.* CP-94-9, IIASA. Laxenburg, Austria. Also published as a special issue of *Energy Policy* 23, no. 4/5 (April 1995).

Nakicenovic, Nebojsa, William D. Nordhaus, Richard Richels, and Ferenc Toth, eds. 1996. *Climate Change: Integrating Science, Economics, and Policy.* CP-96-1, IIASA. Laxenburg, Austria.

National Academy of Sciences. 1979. *Stratospheric Ozone Depletion by Halocarbons: Chemistry and Transport.* Report of a committee of the National Research Council. Washington, D.C.: National Research Council.

——. 1983. *Changing Climate.* Washington, D.C.: National Academy Press.

——. 1991. *Policy Implications of Greenhouse Warming.* Washington, D.C.: National Academy Press.

National Research Council. 1978. *International Perspectives on the Study of Climate and Society.* Washington, D.C.: National Academy Press.

——. 1979. *Carbon Dioxide and Climate: A Scientific Assessment.* Washington, D.C.: National Academy Press.

——. 1983. *Changing Climate.* Washington, D.C.: National Academy Press.

Nordhaus, William D. 1977. "Economic Growth and Climate: The Case of Carbon Dioxide." *The American Economic Review.* May.

——. 1979. *The Efficient Use of Energy Resources.* New Haven, CT: Yale University Press.

——. 1982. "How Fast Should We Graze the Global Commons?" *American Economic Review* 72, no. 2 (May).

——. 1990b. "A General Equilibrium Model of Policies to Slow Global Warming." In David Wood, ed. *Economic Models of Energy and Environment, Proceedings of a Workshop.* Washington, D.C. October.

——. 1991b. "The Cost of Slowing Climate Change: A Survey." *The Energy Journal* 12, no. 1 (Spring): 37–65.

——. 1991c. "Economic Approaches to Greenhouse Warming." In Rudiger Dornbusch and James M. Poterba. *Global Warming: Economic Policy Response*: 33–66. Cambridge, MA: MIT Press.

——. 1991d. "Economic Policy in the Face of Global Warming." In J. W. Tester, D. O. Wood, and N. A. Ferrari. *Energy and the Environment in the 21st Century.* Cambridge, MA: MIT Press.

——. 1992a. "An Optimal Transition Path for Controlling Greenhouse Gases." *Science* 258 (November 20): 1315–1319.

——. 1992b. "How Much Should We Invest to Slow Climate Change?" In Herbert Giersch, ed. *Economic Growth and Evolution.* Berlin: Verlag-Springer.

——. 1993a. "Survey on the Uncertainties Associated with Future Climate Change." Yale University, processed.

——. 1993b. "The Economics of Greenhouse Warming: What are the Issues?" In *Costs, Impacts, and Benefits of CO_2 Mitigation.* Y. Kaya, N. Nakicenovic, W. Nordhaus, and F. Toth, eds. CP-93–1993, IIASA, Laxenburg, Austria.

——. 1993c. "Rolling the 'DICE': An Optimal Transition Path for Controlling Greenhouse Gases." *Resource and Energy Economics* 15: 27–50.

——. 1993d. "Optimal Greenhouse-Gas Reductions and Tax Policy in the "DICE" Model." *American Economic Review* 83 (May): 313–317.

——. 1994c. "Climate and Economic Development: Climates Past and Climate Change Future." *Proceedings of the World Bank Annual Conference on Development Economics, 1993–1994*: 355–376.

——. 1995. "The Ghosts of Climates Past and the Specters of Climate Change Future." *Energy Policy* 23, no. 4/5: 269–282.

——. 1996. "Climate Amenities and Global Warming." In *Climate Change: Integrating Science, Economics, and Policy.* N. Nakicenovic, W. Nordhaus, R. Richels, and F. Toth, eds. IIASA, CP-96-1: 3–45.

——. 1997. "Discounting in Economics and Climate Change." *Climatic Change* 37: 315–328.

Nordhaus, William D., and David Popp. 1997. "What Is the Value of Scientific Knowledge? An Application to Global Warming Using the PRICE Model." *The Energy Journal* 18, no. 1: 1–45.

Nordhaus, William D., and Gary Yohe. 1983. "Future Carbon Dioxide Emissions from Fossil Fuels." In National Research Council.

Nuclear Regulatory Commission. 1975. *Reactor Safety Study: An Assessment of Accident Risks in U. S. Commercial Nuclear Power Plants.* NUREG-75/014 WASH-1400. Washington, D.C.

Parikh, Jhodi. 1992. "Emissions Limitations: The View From the South." *Nature* 360 (December): 507–508.

Peck, Stephen C., and Thomas J. Teisberg. 1992. "CETA: A Model for Carbon Emissions Trajectory Assessment." *The Energy Journal* 13, no. 1: 55–77.

Psacharopoulos, George. 1985. "Returns to Education: A Further International Update and Implications." *Journal of Human Resources* 20 (Fall): 583–604.

Ravelle, Roger R., and Paul E. Waggoner. 1983. "Effects of a Carbon Dioxide-Induced Climatic Change on Water Supplied in the Western United States." In National Research Council: 419–432.

Samuelson, Paul A. 1949. "The Market Mechanism and Maximization, I, II, and III." Mimeo. Santa Monica, CA: Rand Corporation.

Savage, L. J. 1954. *The Foundations of Statistics*, New York: Wiley and Sons.

Schelling, Thomas C. 1983. "Climatic Change: Implications for Welfare and Policy." In National Research Council: 449–482.

Schmalensee, Richard. 1993. "Comparing Greenhouse Gases for Policy Purposes." *The Energy Journal* 14, no. 1: 245–255.

Shlyakhter, Alexander I., Clair L. Broido, and Daniel M. Kammen. 1992a. "Quantifying the Credibility of Energy Projections from Trends in Past Data: The U. S. Energy Sector." Department of Physics, Harvard University, processed, October 16.

Shlyakhter, Alexander I., and Daniel M. Kammen. 1992b. "Quantifying the Range of Uncertainty in Future Development from Trends in Physical Constants and Predictions of Global Change." Working Paper 92–106, Global Environmental Policy Project, Harvard University, October 16.

Shlyakhter, Alexander I., and Daniel M. Kammen. 1992c. "Sea-Level Rise or Fall." *Nature* 357 (May 7): 25.

Siegenthaler, U., and H. Oeschger. 1987. "Biospheric CO_2 Emissions During the Past 200 Years Reconstructed by Deconvolution of Ice Core Data." *Tellus* 39B: 140–159.

Sohngen, Brent, and Robert Mendelsohn. 1998. "Valuing the Impact of Large-Scale Ecological Change in a Market: The Effect of Climate Change on U. S. Timber." *American Economic Review* 88, no. 4 (September): 686–710.

Stockfisch, J. A. 1982. "Measuring the Social Rate of Return on Private Investment." In Robert C. Lind, ed. *Discounting for Time and Risk in Energy Policy*, Resources for the Future, Washington, D.C., pp. 257–271.

UNDP. 1992. *Human Development Report, 1992*. New York: Oxford University Press.

EIA. 1996. U. S. Department of Energy, Energy Information Administration. *Emissions of Greenhouse Gases in the United States, 1996*. Washington, D.C.

von Neumann, John, and Oskar Morgenstern. 1943. *Theory of Games and Economic Behavior*. Princeton, NJ: Princeton University Press.

Wagonner, Paul E., ed. 1989. *Climate Change and U. S. Water Resources*. New York: Wiley and Sons.

Wang, W.-C., M. P. Dudek, X.-Z. Liang, and J. T. Kiehl. 1991. "Inadequacy of Effective CO_2 as a Proxy in Simulating the Greenhouse Effect of Other Radiatively Active Gases." *Nature* 350: 573–577.

Weitzman, Martin. 1974. "Prices v. Quantities." *Review of Economic Studies* XLI: 477–491.

Wuebbles, Donald J., and Jae Edmonds. 1988. *A Primer on Greenhouse Gases*. DOE/NBB-0083. Prepared for the Department of Energy, Washington, D.C., March.

Yang, Zili. 1993. *Essays on the International Aspects of Resource and Environmental Economics*. Ph. D. dissertation, Yale University, New Haven, CT.

Yellen, Janet. 1998. Testimony before Subcommittee on Energy and Power, U. S. Congress House Commerce Committee, March 4.

Yohe, Gary, James Neumann, Paul Marshall, and Holly Ameden. 1996. "The Economic Cost of Sea Level Rise on U. S. Coastal Properties from Climatic Change." *Climatic Change* 32: 387–410.